学术型研究生的培养与创新：以民族学为例

以民族学为例

刘子云 著

中国社会科学出版社

图书在版编目(CIP)数据

学术型研究生的培养与创新：以民族学为例／刘子云著．—北京：中国社会科学出版社，2020.8
ISBN 978-7-5203-4468-5

Ⅰ.①学… Ⅱ.①刘… Ⅲ.①民族学—研究生教育—研究—中国
Ⅳ.①C95-4

中国版本图书馆 CIP 数据核字(2019)第 101180 号

出 版 人	赵剑英
责任编辑	冯春凤
责任校对	张爱华
责任印制	张雪娇

出　　版	中国社会科学出版社
社　　址	北京鼓楼西大街甲 158 号
邮　　编	100720
网　　址	http：//www.csspw.cn
发 行 部	010-84083685
门 市 部	010-84029450
经　　销	新华书店及其他书店

印　　刷	北京君升印刷有限公司
装　　订	廊坊市广阳区广增装订厂
版　　次	2020 年 8 月第 1 版
印　　次	2020 年 8 月第 2 次印刷

开　　本	710×1000　1/16
印　　张	13.5
插　　页	2
字　　数	220 千字
定　　价	79.00 元

凡购买中国社会科学出版社图书,如有质量问题请与本社营销中心联系调换
电话:010-84083683

目　录

绪　　论

　　中国是一个社会、历史、生态环境复杂多样的国家，是一个多民族共同生存和发展的国家，是一个多元文化和谐共生的国家。培养少数民族高层次人才，传承创新少数民族优秀文化，开展少数民族教育、文化、科技、经济、社会、历史等研究，服务民族地区经济社会发展，是民族地区高等教育不可规避的责任与使命。作为高等教育的最高层次，民族地区的学术型研究生教育，是培养少数民族或民族地区具有较高学术水平、科研素质的高校师资和科研人才的社会实践活动，并通过培养和输送区域及地方需要的高层次人才，促进少数民族及民族地区的经济社会发展，从而实现民族研究生教育的人才培养目标。受自然环境、人文环境、民族构成、地缘结构等因素的差异性影响，民族地区的学术型研究生培养在培养理念、培养目标、培养方式等方面，逐渐形成了特色鲜明的模式特征。因此，系统探究民族地区学术型研究生培养模式创新问题，对实施西部地区高层次人才战略及促进西部经济社会发展具有重要理论和现实意义。

一　研究缘起

（一）研究的必要性

　　首先，研究生教育类型多样化，需要分类指导。自 1980 年我国颁布实施《中华人民共和国学位条例》以来，我国研究生教育取得了快速发展。我国自 1981 年恢复研究生教育至 2010 年底累计授予博士学位 38.65 万人、硕士学位 319.09 万人。而 1970 年到 2010 年间，美国累计授予博士学位 166.23 万人，累计授予第一专业学位 293.34 万人，累计授予硕士学位1556.38万人。我国劳动力市场中硕、博士学位获得者的存量与美国相差甚远。①

根据马丁特罗理论（Martino Theory），如果以高等教育毛入学率为指标，则可以将高等教育发展历程分为"精英、大众和普及"三个阶段，高等教育毛入学率达到15%并低于50%，即属于高等教育大众化阶段。2002年我国高等教育毛入学率首次达到15%，是为进入高等教育大众化阶段。根据教育部公布的数据统计，2002年我国高等教育进入大众化阶段以来，随着本科生的扩招，研究生招生规模亦持续扩大，从2002年的20.26万人增长到2016年的66.71万人，增长率为229%。

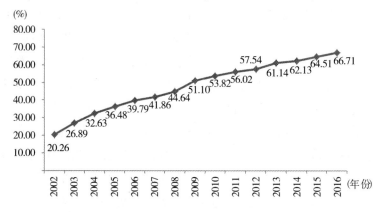

图0-1　研究生招生规模变化情况（2002—2016年）

随着研究生招生规模不断扩大，经济、科技、文化的发展，社会对人才层次需求的高移，对人才类型需求的多样化，我国研究生培养模式的类型也趋于多元化。当前我国研究生培养模式主要有两种：一种是学术型研究生培养模式；一种是应用型研究生培养模式。两种培养模式分别按照自己的逻辑运行和发展。模式的多元化让我国研究生教育在一定程度上有效避免了由于过去培养模式的单一性引发的人才培养"产品化""同质化"等种种弊端和相关责难。"坚持多层次多样化高级专门人才培养"是我国社会主义初级阶段高等教育基本特点之一。人才的多层次与多样化是现代科技发展、经济繁荣和社会进步的需要，因此，高

---

① 袁本涛、王顶明、刘帆：《中国研究生教育规模究竟大不大——基于中、美、英、台的历史数据比较》，《高等教育研究》2012年第8期，第54页。

等教育"培养人才的多规格，本来就是世界的共同趋势。而我国当前经济发展很不平衡，不同地区的经济发展水平、不同领域的技术水平差距很大，国际水平的高精尖产业、劳动密集型的手工业生产和大量传统的工农业生产技术并存，因此，更加要求人才培养的层次、规格、途径和方式多样化"。①

自 19 世纪初现代意义的研究生教育在德国确立以来，学术型研究生培养模式占据着主导地位，培养具有较强的学术水平和科研能力的学术型人才一直是各国研究生教育的不懈追求。面对社会历史环境的变迁及培养模式类型的结构性调整，学术型研究生培养模式如何做出适应性选择，通过培养目标、培养方式、培养评价等诸要素的改革与创新，培养社会需要的高层次学术型人才？如何根据学术型研究生特点培养社会职业所需的人才？这值得深入探讨和系统研究。

其次，学术型研究生培养，需要培养模式创新。2005 年教育部在《关于实施研究生教育创新计划加强研究生创新能力培养进一步提高培养质量的若干意见》（教研〔2005〕1 号）中指出：深入研究新形势下研究生教育规律，借鉴和引进国外先进的研究生教育理念和经验，探索符合中国国情的研究生培养新模式。要在研究生培养体制、培养目标、课程设置、教学内容和教学方法、教材教案、培养方式、科研训练、社会实践、导师指导方式、学位论文标准、管理与运行机制等方面加强创新研究，产生一批示范性研究生培养方案和新型培养模式。2010 年 7 月 29 日我国正式全文发布《国家中长期教育改革和发展规划纲要（2010—2020 年）》（简称《规划纲要》），文件提出"大力推进研究生培养机制改革"。其主要内容为："创新人才培养模式，适应国家和社会发展需要，遵循教育规律和人才成长规律，深化教育教学改革，创新教育教学方法，探索多种培养方式，形成各类人才辈出、拔尖创新人才不断涌现的局面。"《规划纲要》并从"注重学思结合、注重知行统一、注重因材施教"三个方面提出人才培养机制改革的方略方法。可见，创新高素质人才培养模式已经成为我国研究生教育发展的战略重点之一。学术型研究生的培养应该以政策为依

---

① 潘懋元主编：《新编高等教育学》，北京师范大学出版社 1996 年版，第 9—10 页。

托，积极创新学术型人才培养模式，改进人才培养方式，提升学术型人才培养质量。

（二）研究的可行性

研究的可行性是能否选择某个主题进行研究的决定性因素。如果某项研究不具备研究条件，无法用科学合理的研究思路和方法实现研究目的，那么无论其研究价值有多大，研究必要性如何迫切，此研究都是难以进行的。学术型研究生培养模式创新问题，是一个较为宏观的高等教育理论与实践的话题，要全面深刻地把握其本质，探索某种具有创新和推广意义的学术型研究生培养模式，也需要对研究的可行性进行分析。

本研究所选择的个案具备总体的基本特征，足以为本研究提供科学论证。广西作为西部民族地区与中东部发达地区存在较大差异，包括民族构成、地缘结构、人文环境、经济水平等，这些因素直接或间接导致了人才培养的"三重性"，即"民族性、地方性、国际性"，并催生了广西在发展研究生教育时以"立足民族特色、服务地方社会、走向区域国际"为人才培养理念的价值取向。这种价值取向与追求，影响和制约着该区域内各研究生培养单位的培养理念、目标和方式的选择。本研究选择的研究对象是广西民族地区学术型研究生教育系统内的某高校某学科。受广西区域环境的制约和影响，它在研究生培养方面，也涵盖了广西区域人才培养理念的"三重性"特征，基本反映了广西区域人才培养的特征，并且具有重要地位、价值和意义。该个案所形成的研究生培养模式，属于一种典型的学术型研究生培养模式，在广西区域内部系统来说，其过程与状态虽不能完全复制，但其经验值得借鉴和推广。关于为何选择此个案，在第二章进行了详细阐述。

概而言之，本书是基于对民族教育问题与现象研究的必要性和可行性思考的结果，选取以在学科建设和学术型研究生培养方面经验和特色都很鲜明的广西民族大学民族学学科为个案，深入探究如何创新学术型研究生培养模式的问题，以期通过"解剖麻雀"的方式，来达到认识事物整体的目的。

二　研究意义

（一）总结学术型研究生培养的经验

万丈高楼从地起。没有经验的积累，就没有发展的基础。对作为个案的民族学学科，深入剖析其学术型研究生的培养目标、培养方式、培养质量和培养评价等要素，系统探究民族学的课程设置、教学形式、管理体制、学位论文、就业情况等，通过微观领域的务实研究，总结广西民族大学民族学学术型研究生培养的经验，有助于明了和把握民族学学科建设与学位和研究生教育的发展理路，明确民族学学术型研究生培养目标和运行方式，建立民族学专业人才培养系统，促进民族学学术型人才培养的专门化、系统化和科学化。

（二）探索学术型研究生培养的规律

第一，深化对学术型研究生培养模式的本质认识。学术型研究生培养模式是我国研究生培养模式的"子模式"，它是我国研究生培养模式多样化的理性选择，是整体的研究生培养模式中局部性差异的体现，是系统的研究生培养模式下相对独立建构的结果。由于不同地域的社会、经济、人文、地理区位的差异性，不同研究生培养单位的学术型研究生培养模式形成了自己的特色。在现实中，人们习惯于认为研究生培养模式就是一种既定的模式，具有唯一性，即把"学术型研究生培养模式"等同于"研究生培养模式"，却常常忽视不同社会需求、不同地域、不同高校、不同学科的研究生培养模式所秉持的多样性、差异性和相对独立性。这就很容易导致研究生培养模式的趋同建构，而失去自身的特色，无法达到高层次人才培养模式创新的特殊意义与效果。为此，通过个案研究，对学术型研究生培养模式创新进行系统的研究和分析，有利于我们从本质上理解学术型研究生培养模式的基本特征。

第二，有利于探索特殊地域、特殊学科学术型研究生培养模式创新的特殊规律以及学术型研究生培养模式创新的一般规律。民族学学术型研究生的培养模式的创新性建构，其有效性、科学性如何，最终要在培养的实践过程中得以落实和检验。本书致力于对民族学学术型研究生的培养理念、培养目标、培养方式、质量评价等要素，进行理论与实践相结合的系统研究，有利于探索民族学学术型研究生培养模式创新的特殊规律，并通过这条规律，结合研究生教育的相关理论，从而揭示学术型研究生培养模式创新的一般规律。

（三）推进学术型研究生培养的改革

在总结经验的基础上，揭示学术型研究生培养的一般规律，从而利用规律，服务研究生教育实践。通过呈现个案研究生培养的经验，明确广西民族大学民族学学术型研究生培养模式创新的路径与机制，这将有助于广西其他高校及科研机构的学术型研究生培养，提供有效的策略导向和建设性意见参考，推动学术型研究生培养机制改革和培养模式创新。

三　文献综述

历史与逻辑地看，对以往形成的"学术型研究生培养模式研究成果"进行"再研究"，对于探寻和提升研究生教育理论具有特殊而重要的意义。它可以让我们明了和把握学术型研究生培养模式的起点性研究、发展性研究、突破性研究、总结性研究的状貌，进而知道从何处拓展新的研究，形成创新性的研究成果，以期通过"回顾研究历史"达到"展望未来研究空间"。自1980年我国颁布实施《中华人民共和国学位条例》以来，我国研究生教育取得了跨越式发展，而关于"研究生培养模式"问题的研究成果更可谓卷帙浩繁。由于本书涉及"学术型研究生""培养模式""民族学""创新"等诸多重要关键词，因此需参考的文献范围十分广泛，本书侧重以下几个方面。

（一）国外研究现状及述评

研究生教育研究是与研究生教育的诞生和发展共生共长的。现代意义的研究生教育发轫于19世纪初的德国，随后传于美国、英国等，后成为各国广受关注的话题。在知识经济背景下以及现代化、全球化的今天，研究生教育尤为各国不同群体不同领域关注的焦点。

从历史研究的视角来看，主要是在美国、英国、德国等研究生教育较为发达的国家，诸多学者从研究生教育发展史出发，系统回顾和展望了本国或它国的研究生教育发展状况。例如，Mitchell G. Ash 的 *German Universities Past and Future*，描述了1810—1989年德国研究生教育的演变，对德国大学的研究生教育改革、政策、经费资助等进行了系统研究。无独有偶，Ernest Rudd 的 *The Highest Education：A Study of Graduate Education in Britain*，系统阐述英国研究生教育发展史，另外还涉及授课型（coursework）研究生教育问题①；Richard J. Storr 的 *The Beginning of the Future：a Historical Approach to Graduate in the Arts and Sciences*② 和 Everett Walters 的 *Graduate Education Today*，对美国研究生教育发展的历史生态与不同层次类型的学位教育产生的背景做了深入剖析③。

从比较研究的视角来看，采用比较研究的方法对不同国家的研究生培养模式问题进行研究，也是诸国教育学者惯常使用的研究方法之一。诸如 George Vernardakis、Keith Allen Noble、Burton R. Clark 等一大批学者对美、英、法等国的研究生教育模式做了系统的比较研究。这类研究基本是出于对别国研究生教育的经验认识，反观本国研究生教育发展状况，从而试图在研究生教育优劣状况的比较中，发现差距、问题或优劣势，并提出适合于本国研究生教育发展的理想方法或科学决策。

从多学科研究的视角来看，多学科视角与实证研究（包括个案研究）相结合，为研究生培养模式研究所广泛采纳的一种多元研究范式。例如：Ernest Rudd、Tony becher、Maurice、Solomon Hoberman、Sidney Mailick、C. J. Marsh、Burton R. Clark 等学者分别从社会学、管理学等不同学科视角出发，通过个案研究和实证研究的方式对不同学科、不同大学的研究生培养模式，包括培养目标、课程设置、导师指导等问题进行了系统研究。就目前人文社会科学研究方法的使用或发展情况来看，多学科研究以及实证

① Ernest Rudd, *The Highest Education：A Study of Graduate Education in Britain*, Routledge & Kegan Paul London and Boston, 1975.

② Richard J. Storr, *The Beginning of the Future：A Historical Approach to Graduate in the Arts and Sciences*, McGraw – Hill Book Company New York St. Louis San Francisco Dusseldorf London Sydney Toronto Mexico Panama Johannesburg Kuala Lumpur Montreal New Delhi Rio de Janeiro Singapore, 1973.

③ Everett Walters, *Graduate Education Today*, Americk Council on Education Washington, 1965.

研究为越来越多的人文社会科学研究者所广泛接纳，而且有发展成为主流研究方法的趋势。

从研究生学术素养和能力培育研究来看，也有部分相关成果，但数量不多。例如，Jennifer Davida Stacey 和 S. Granville 在 *Entering the Conversation：Reaction Papers in Advanced Academic Literacy* 中，基于对南非约翰内斯堡（Johannesburg）的金山大学（University of Witwatersrand）的研究生学术素养的认识，研究了反馈论文（reaction paper）与高学术素养（AAL）之间的关系①。Fiona Jackson 也是以南非的高校为研究对象，在 *Divine Interventions：Needs Analysis for Post – graduate Academic Literacy and Curriculum Development，in A South African School of Theology* ② 中采用了研究生写作的折中需求分析（eclectic needs analysis），并提出制定有效干预性课程（effective intervention course）的建议，最后针对研究生学习及写作技能面临的问题进行了相关研究。

（二）国内研究现状及述评

我国研究生培养模式研究起步较晚，但发展较快。1949 年新中国成立以来我国的研究生培养模式基本效仿了苏联模式，但 20 世纪 80 年代以后，由于国外大量研究成果及对欧美各种研究生教育实践层面上的经验传入，一大批具有创新性的研究生培养模式研究成果出现。主要包括以下三个方面。

1. 相关学术著作与原理性教材

改革开放以来，我国研究生教育在教材编写、研究生教育发展现状研究、研究生教育发展史研究等方面，取得了较丰富的成果。

一是研究国外研究生教育和研究生培养模式的论著。如：李盛兵的《研究生教育模式嬗变》、王秀卿和张景安的《国外研究生教育》、陈学飞的《西方怎样培养博士——法、英、德、美的模式与经验》、刘晖主编的《二十国研究生教育》、符娟明和迟恩莲的《国外研究生教育史》，以及由

---

① Jennifer Davida Stacey and S. Granville, "*Entering the Conversation：Reaction Papers in Advanced Academic Literacy*", Teaching in Higher Education, 2009.

② Jackson, Fiona, *Divine Interventions：Needs Analysis for Post – graduate Academic Literacy and Curriculum Development，in A South African School of Theology*, Language and Education, 2005.

美国伯顿·克拉克著，王承绪译的《研究生教育的科学研究基础》《探究的场所——现代大学的科研和研究生教育》等。这些论著都对美国、英国、印度、加拿大、日本、澳大利亚、苏联、朝鲜等国家的研究生培养模式的形成、嬗变、要素和特点等诸多方面进行了详细阐发，为本书的撰写提供广阔的比较视野和参照。

二是研究我国研究生教育及其培养模式的相关论著。如：薛天祥的《研究生教育学》全面论述了研究生教育基本原理，并单独设章阐述了研究生教学与科研相结合的研究生培养理念、研究生科研的特点、研究生科研的原则，以及研究生教育模式、导师论等相关研究生教育原理。另外，还有周洪宇的《学位与研究生教育史》、冯增俊的《现代研究生教育研究》、李煌果和王秀卿的《研究生教育概论》、吴镇柔等的《中华人民共和国研究生教育和学位制度史》、刘晖和侯春山的《中国研究生教育和学位制度》等研究生教育学史和原理方面的论著，这些成果为本书研究提供主要的理论依据。

三是相关硕博论文。廖文婕在《我国专业学位研究生培养模式的系统结构研究》中，从系统理论的视角研究了我国专业学位研究生培养模式的系统结构。[①] 陶学文的《我国专业学位研究生培养模式及其创新研究》，对我国专业学位研究生教育的产生与发展、专业学位研究生培养模式的构成与实施、存在的问题及原因、模式创新等层面，进行了系统研究。[②] 另外，刘鸿的《我国研究生培养模式研究》、胡玲琳的《我国高校研究生培养模式研究》等已改编出版的博士学位论文，还有一些硕博论文，如陈少雄的《我国研究生培养模式的建构研究》、颜建军的《我国研究生培养模式的变革研究》、刘惠玲的《我国重点理工科大学研究生培养模式比较研究》、徐平的《我国研究型大学博士生培养模式研究》等。这些学术成果大多是从比较高等教育的视角，通过对国内外研究生教育及研究生培养模式的现状、经验和特色进行探讨，然后对我国研究生教育及培养模式的现状进行调查研究，并作出实证分析或理论分析，再针对存在问

---

① 廖文婕：《我国专业学位研究生培养模式的系统结构研究》，华南理工大学，博士论文，2010 年。

② 陶学文：《我国专业学位研究生培养模式及其创新研究》，华中科技大学，博士论文，2011 年。

题提供解决问题的对策或进行模式重构。另外，黄宇等的《广西学位与研究生教育发展战略研究》、欧以克的《民族高等教育概论》等对广西地区研究生教育的概况、特点和意义、发展战略、质量保障以及民族院校的研究生培养工作进行了相关探讨，这与本书研究主题具有直接关联性，具有重要参考价值。

2. 相关学术论文研究

总体上，关于"学术型研究生培养模式"和"民族学人才培养"方面的专门研究很少，但涉及研究生教育和研究生培养模式的研究则较多，主要集中在国内的一些高水平的权威刊物，如《学位与研究生教育》《研究生教育研究》《高等教育研究》《清华大学教育研究》《中国高教研究》《现代大学教育》《教育发展研究》《江苏高教》《黑龙江高教研究》等刊物。由于相关研究成果十分丰富，在此仅稍作归类分析。关于研究生培养模式的探讨主要聚焦于以下几个方面：研究生培养模式的多样化研究；我国培养模式的现状、改革和创新研究；鲜明特色的研究生培养模式研究，如分类协同—金融专业研究生培养模式、产学研合作研究生培养模式、公安院校的研究生培养模式、教学与科研的整合培养模式、依托重大型号项目的研究生培养模式、以导师为核心的研究生培养模式等相关模式研究；外国研究生培养模式研究等等。这些模式探讨主要是从不同学科、不同院校、不同培养方式等出发，结合研究生教育的理论与实践经验，对研究生培养模式进行了系统研究。

3. 法律法规与文件政策

自1980年2月12日全国第五届人民代表大会常务委员会第十三次会议通过《中华人民共和国学位条例》并颁布实施以来，我国研究生教育开始走向制度化、科学化和现代化。对我国研究生培养模式问题有相关探讨或规定的法律法规和政策文件主要有：《中华人民共和国教育法》《中华人民共和国高等教育法》《中华人民共和国学位条例》《中华人民共和国学位条例暂行实施办法》，1986年研究生司起草和下达了《关于改进和加强研究生工作的通知》，1992年12月教育部颁布的《关于加强和改进研究生培养工作的几点意见》，2002年国务院学位委员会办公室和教育部研究生工作办公室组织编写的《中国学位与研究生教育发展战略报告》，2005年教育部颁布的《关于实施研究生教育创新计划　加强研究生创新

能力培养　进一步提高培养质量的若干意见》（教研［2005］1 号）以及 2011 年 7 月 29 日颁布实施的《国家中长期教育改革和发展规划纲要（2010—2020 年)》等。这些法律政策文件就是研究生教育制度的组成部分，对研究生培养模式的培养目标、改革和发展等作了具体要求。

（三）民族学研究生培养模式研究

改革开放以来，我国民族学得到恢复建设和发展，高校逐渐复办或创办民族学专业，并开始招收本科生、研究生。民族学是一门揭示民族发展规律的基础学科和传统学科，它的研究对象是民族共同体，而对于主要彰显教育学学科属性的"人才培养模式"问题，并进行专门研究。然而，任何一门学科的建设和发展都离不开"人"——学科建设和发展的主导者，从这个意义上来讲，研究民族学高层次人才培养问题，不失为民族学研究的一项重要任务。

1. 民族学人才培养专门研究

由于民族学不同人才培养层次开展教育的时间不一致，其中专科、本科教育发展相对较早，硕士、博士研究生教育发展相对较晚，因此关于"民族学学术型研究生培养模式"问题的专门研究还鲜有，我们只能通过"民族学人才培养"的研究成果来加以审视。相关的成果主要有：林耀华的《创办民族学系　培养民族学人才》[1]，杨群的《要重视民族学人才的横向培养》[2]，张有隽的《中国民族学如何培养跨世纪人才?》[3]，周光大的《发挥优势　培养更多的应用民族学人才》[4]，周大鸣、彭兆荣、林敏霞等的《人类学民族学硕士研究生培养经验五人谈》[5]，东人达的《本土

---

[1]　林耀华:《创办民族学系　培养民族学人才》,《中央民族学院学报》1983 年第 3 期。

[2]　杨群:《要重视民族学人才的横向培养》,载《民族学研究（第九辑)》1990 年, 第 65—70 页。

[3]　张有隽:《中国民族学如何培养跨世纪人才?》,《广西民族学院学报》（哲学社会科学版) 1996 年第 1 期。

[4]　周光大:《发挥优势　培养更多的应用民族学人才》,《云南民族学院学报》（哲学社会科学版) 1993 年第 3 期。

[5]　周大鸣、彭兆荣、林敏霞:《人类学民族学硕士研究生培养经验五人谈》,《广西民族学院学报》（哲学社会科学版) 2006 年第 1 期。

化民族学应用型高级人才培养探索》①，黄宫亮的硕士学位论文《教育人类学硕士研究生的叙事研究：一名教育人类学硕士的成长日记》② 等。在林耀华的《民族学通论》第六章第五节中，专门论述了"民族学调查者素质的培养"问题，以及在第二十三章探讨单独设章探讨了"民族地区的教育与科技问题"③。

综而述之，上述研究主要从微观层面论述了民族学人才培养的具体操作程式与方法，围绕"民族学人才培养"的核心内容，对民族学人才培养类型、培养目标、课程设置、人才素养的培育等方面进行了客观翔实的论述，对本文研究民族学学术型研究生培养模式的诸要素的创新具有重要参考价值。

2. 民族学人才培养相关研究

民族学学术型研究生培养模式的创新，在本质上是培养理念、目标、方式和评价等要素的创新，而这些要素的创新则包括学科建设、课程设置、教学方式、师生关系等具体指标性要素的改革与创新。这方面研究也有不少。

在学科建设方面，张有隽的《关于中国民族学、人类学学科地位问题》④、徐杰舜的《浅议广西民族学院人类学民族学学科建设》⑤、欧阳常青的《大民族学学科群建设：经验与展望——以广西民族大学为例》⑥ 等对民族学的学科地位、优势特色、发展空间等作了相关思考。鉴于人才培养与学科建设的紧密关联性，人们研究民族学人才培养时，主要通过研究民族学学科建设而附带论及人才培养，例如杨圣敏、良警宇主编的《中国人类学民族学学科建设百年文选》、王建民等编著的《中国人类学民

---

　　① 东人达：《本土化民族学应用型高级人才培养探索》，《毕节学院学报》2008 年第 3 期。

　　② 黄宫亮：《教育人类学硕士研究生的叙事研究：一名教育人类学硕士的成长日记》，中央民族大学教育学院，硕士论文，2009 年。

　　③ 林耀华：《民族学通论》，中央民族大学出版社 1997 年版。

　　④ 张有隽：《关于中国民族学、人类学学科地位问题》，《广西民族学院学报》（哲学社会科学版）1995 年第 3 期。

　　⑤ 徐杰舜：《浅议广西民族学院人类学民族学学科建设》，《广西民族学院学报》（哲学社会科学版）2004 年第 4 期。

　　⑥ 欧阳常青：《大民族学学科群建设：经验与展望——以广西民族大学为例》，《广西民族大学学报》（哲学社会科学版）2009 年第 1 期。

学百年纪事》等便是基于这种思维模式来编撰的。

在民族学教学领域,主要成果有周光大的《我是怎样组织学生从事民族学研究的》,他从自身教学实践经验出发,认为应该深刻认识"民族"二字及民族学学科的本质特征,积极组织学生开展民族学的第二课堂,即业余研究,促使民族学教学和研究向纵深发展,服务地方两个文明建设。① 贾仲益的《民族学系教学改革述论》,则以综述的形式概括了这一时期中央民族大学民族学系的教学改革,主要包括四个方面:一是课程设置改革,认为该系的课程设置具有以下特点:内容更丰富、更充实,包括人类学系列课程的引进、增开汉学课程、加强对世界民族的介绍与研究等方面;结构更趋合理,包括学术性与应用性并重、通论课与专题课并重、课程顺序调整、对课程统与分的重新把握等方面;注重强化基本素质。二是强化师资与对外开放。三是发扬教学与实践相结合的优良传统。四是区域性民族研究的新发展。②

民族学相关课程并不是所有高校都开设的通识课程,主要集中在民族院校。包红玲在《对边疆民族地区高校民族理论教学的思考》一文中,论述了《民族理论与民族政策》这门课程的历史渊源、现状以及当时民族理论教学存在的问题,针对民族理论教学的内容设计提出了建议,以及提出了探索民族理论课堂教学的方法。③ 彭兆荣在《对我国民族学/人类学研究生教学中知识与技能培养的思考》中,根据民族学学科的交叉性和综合性等特色与特点,对民族学/人类学"思维形态诸问题、理论诸问题、知识诸问题、田野调查诸问题、民族志取材诸问题"等5个方面的问题进行阐发,提出民族学科学研究所遵循的原则就是以各种方式、方法和手段以获取尽可能多的材料去证明和说明所设问题,并认为"多重证据法"是一个科学研究的发展方向。④ 由徐杰舜等著的《田野上的教室》

---

① 周光大:《我是怎样组织学生从事民族学研究的》,《广西民族学院学报》(哲学社会科学版) 1987 年第 4 期。

② 贾仲益:《民族学系教学改革述论》,《广西民族学院学报》(哲学社会科学版) 1997 年 4 月 (增刊)。

③ 包红玲:《对边疆民族地区高校民族理论教学的思考》,《内蒙古财经学院学报》(综合版) 2010 年第 1 期。

④ 彭兆荣:《对我国民族学/人类学研究生教学中知识与技能培养的思考》,《中央民族大学学报》(哲学社会科学版) 2010 年第 4 期。

则是从"田野调查"的视角出发，提出一种新的教学法——大学文科实验教学。该著作融合了丰富的田野调查资料，从广西民族大学人类学课程设置情况出发，对大学文科实验教学的方法田野调查、研究生学术能力、教师科研、师生关系等作了翔实论述。① 韦丹芳在《中国民族地区科技史研究生课程建设的思考——以内蒙古师范大学和广西民族大学为例》中，从课程建设的视角，选择两个个案，进行比较研究。试图通过民族地区的特殊性分析研究生课程建设的特殊路径，建构符合民族地区的研究生课程体系。②

在师生关系方面，主要有凤军的《教育人类学与新型师生关系的建构》，运用教育人类学理论从文化研究的视角出发，探讨教育场域中师生关系现象后面那只看不见的"文化之手"，揭示影响师生关系的深层原因，进而提出新型师生关系的建构方略。③

3. 关于民族学人才培养研究的认识

通过对上述文献可知，学者们在探究我国民族学高层次人才培养模式的问题上，主要关注以下方面。

从研究主题来看，主要关注"民族学人才培养""民族学学科建设""民族学教学改革""民族学师生关系"等主题。

从研究内容来看，涉及民族学学科的性质、地位、优势和特色，民族学学科建设和发展，民族学人才培养理念、培养目标，民族学专业、课程设置，民族学课程教学改革，民族学人才培养类型的重要转变，民族学师生关系的建构，民族学人才的学术能力培养等诸多方面。

从研究视角来看，主要遵循立足"民族学"学科本身，借用"教育学""教育人类学"等相关范式、原理与方法，对民族学人才培养模式相关问题进行研究。

从研究者身份来看，撰写民族学人才培养方面的学术论文者，大多为我国较知名的民族学或人类学的学者，并且是民族学人类学教学科研的管理者与领军人物，他们不仅对民族学学科知识体系有着很深的功底和较高

---

① 徐杰舜等著：《田野上的教室》，黑龙江人民出版社 2009 年版。

② 韦丹芳：《中国民族地区科技史研究生课程建设的思考——以内蒙古师范大学和广西民族大学为例》，《广西民族大学学报》（自然科学版）2009 年第 3 期。

③ 凤军：《教育人类学与新型师生关系的建构》，《成人教育》2005 年第 2 期。

的造诣，对本学科的学科建设和人才培养问题也倾注了极大关注，持有独到的见解。

综合来看，这些方面的探讨与本书关于民族学学术型研究生培养模式创新问题的研究存在很大的共通之处，它们所使用的研究方法、研究的内容等对本课题研究思维、方法和内容的选择具有重要借鉴意义。值得一提的是，要对拟研究的主题进行客观而全面的研究，不仅需要明了和把握与主题直接相关的专门文献和理论文献，还应了解与主题间接相关的比较文献。因此，在探讨本书研究主题时，还需要对本科生培养模式、应用型研究生培养模式、研究生教育制度等相关研究进行梳理和了解。这些内容将在具体研究过程中根据需要而会有所涉及，不在此作详细论述。

（四）综合认识与思考

统而观之，关于研究生培养模式的研究已经相对较成熟，国外的研究生培养模式、我国高校研究生培养模式、研究型大学博士生的培养模式、体现不同学科专业特色的研究生培养模式等的研究都已有丰富的相关研究成果。然而对于西部落后地区的广西而言，探索广西的研究生教育及研究生培养模式的成果却鲜见，这或影响广西研究生教育的发展，尤其是创新性学术型高层次人才培养研究的缺位将对广西地区经济社会的发展产生不利影响。因此，通过对相关文献和现实问题的分析，本书认为以下问题亟待解决。

第一，需要从区域和地方实际加强学术型研究生培养模式研究。目前，大多研究成果集中在宏观上的研究，主要是对国内外研究生培养模式的系统探讨。然而，由于地域的经济水平、文化传统的差异性和多样性，其学术型研究生培养模式与区域与地方的研究生培养模式肯定有所差别。因此，对于民族地区而言，急需在研究生培养模式多样化的今天，探索符合民族区域实际的学术型研究生培养模式。

第二，"民族学学术型研究生培养模式创新"是本课题实践研究的重要内容，需要进行系统研究。尽管在民族学人才培养方面的研究已经有所涉猎，但局部研究仍不能体现研究的全面科学性。因此，有必要对学术型研究生的培养目标、培养方式、质量评价等进行系统专门研究，获得系统的研究成果。

四　研究方法

（一）系统科学方法论

学术型研究生培养模式是研究生培养模式系统和研究生教育系统的子系统，也是社会环境系统的子系统。同时根据不同划分标准，学术型研究生培养模式下面又有诸多子系统，如按学科性质划分，有民族学学术型研究生培养模式研究、教育学学术型研究生培养模式、社会学学术型研究生培养模式等。学术型研究生培养模式包括学术型研究生培养目标、培养方式、培养质量、培养评价等要素，各要素相互影响、相互作用，其中培养目标是核心要素。当然，这些要素仍不是系统中最小的变量，比如，培养方式也是一个系统，下面还包括课程设置、教学形式、导师指导方式、研究生学术素养和科研能力的培育等多个子系统。因此，研究广西学术型研究生培养模式创新问题，需要综合考虑其内外部系统环境的特征，用多样性和统一性、整体性、过程性、关系性、复杂性等系统科学的思维方式和相关理论来研究论文主题。本书研究的是"学术型研究生培养模式创新"问题，它是研究生培养模式整体中的某一类型的研究生培养模式。全文蕴含的是"解剖麻雀，抓好典型"，"以小见大"，"从局部反思整体，从整体审视局部"的研究逻辑，用历史发展观正确看待我国研究生培养模式发展历程，坚持辩证唯物主义观，处理好学术型研究生培养模式的历史与现实、整体与局部、改革与创新等之间的关系。

（二）历史研究法

历史研究法是民族学研究的重要方法之一。1995 年中国民族学学会在大连举行的学术讨论会中指出："历史研究与现状调查相结合的方法是中国民族学和人类学研究的好方法。"[①] 本书主要采用该研究方法，主要

---

① 纪闻：《中国民族学如何面向 21 世纪？——中国民族学学会大连学术讨论会述要》，《民族研究》1996 年第 2 期。

是因为民族学学科发展史反映的正是民族学人才培养的历史过程，需要用历史的思维来统筹民族学学科建设及其研究生教育历程等问题，从而探索并揭示民族学研究生培养过程的一般规律。

（三）比较研究法

通过国内外学术型研究生培养模式比较研究、学术型与应用型研究生培养模式比较研究、广西民族大学与其他学校民族学学术型研究生培养模式的比较研究等，揭示广西及民族学学术型研究生培养模式的特殊性，并在比较的视野中提出符合广西实际需要的具有创新意义的学术型研究生培养模式。

（四）综合运用访谈法、问卷调查法、文献法

对国内外"研究生培养模式""学术型研究生培养模式""民族学人才培养"的相关文献进行系统研究；对"广西民族大学民族学学科建设及其研究生教育历程"的相关史料，"民族学、中国少数民族理论与政策、中国少数民族经济、中国少数民族艺术、中国少数民族史"的培养方案进行相关分析；对我国研究生教育改革和发展的相关法律法规及各种文件政策进行分析等。对广西民族大学知名研究生导师和学校研究生进行深度访谈和问卷调查，以期获得关于创新学术型研究生培养模式的第一手素材，并对材料进行相关统计分析。

五　内容架构

本书以广西区域人文、自然生态环境为考察背景，以广西民族大学民族学为研究个案和参照系，坚持"实践—理论认识—实践"的思维逻辑，试图通过"以小见大""解剖麻雀"的方式，定性分析与定量分析结合、历史研究与比较研究的方法，从民族学"学术型研究生培养创新"的理论与实践出发，总结学术型研究生培养的经验，探索"学术型研究生培养创新"的平台、机制和路径，以推动学术型研究生培养模式的改革与创新。这是本书研究的主要逻辑路线。按此逻辑，把本书的研究内容主要分为以下七大部分。

　　绪论。本章主要为学理研究，主要论述五个基本问题：研究缘起，研究意义，文献综述，研究方法，内容架构，概念界定。

　　第一章，研究生培养的基本关系。本章主要记述了研究生培养理念中需要厘清的十大关系。

　　第二章，作为个案研究的田野点。本章主要论述两个基本问题：一是从历史变革视角描述了广西民族大学民族学与社会学学院的组织变迁（民族研究所到民族学与社会学学院的历史变迁过程）；二是阐明选择广西民族大学民族学学科作为田野点的具体缘由。

　　第三章，民族学学位与研究生教育的发展状态。本章主要为实地调查研究，论述两个基本问题：一是民族学研究生教育规模、结构、质量、评价；二是根据田野点的实际情况对民族学研究生培养状况进行调查（调查目的、对象和方法以及调查结果与分析）与特点概要分析。

　　第四章，民族学学术型研究生培养的学科平台搭建。本章论述五个基本问题：一是历史视域中民族学的学科发展；二是学科方向的分形与聚形；三是从重点学科到特色学科；四是从单体学科到群体学科；五是与民族学学科发展共生共进的研究生教育。

　　第五章，民族学科研特色与研究生科研性格的养成。本章主要从学术型研究生的本质特征出发，阐述了三个基本问题：一是科研是学术型研究生应然的遗传性格；二是民族学科研成果及其研究特色；三是民族学科研对研究生学术研究的影响。

　　第六章，民族学学术型研究生学术素养的系统培育。本章探讨了培养学术型研究生学术素养的几种有效方式。首先论述了学术型研究生学术素养的系统性；其次分别对田野调查、学术演讲、科研项目、学术报告等与研究生学术素养的系统培育之间的内在关系及作用进行了论述。

六　概念界定

（一）研究生

　　研究生（Postgraduate）是指高等学校本科毕业和获得学士学位，或具有同等学力，经考核获准进入高等学校或科学研究机构接受本科后教育并从事科学研究，攻读更高级别学位或证书的学生。在人才培养的语境中，也习惯被称为"高层次人才"。研究生完成规定的课程学习，写出学位论文并答辩通过，由招生培养单位（高等学校或科学研究机构）授予相应的学位和学历证书。按照不同标准划分，研究生有不同的分类。不同类型的研究生具有不同的特征。

按照研究生层次划分，包括硕士研究生和博士研究生。两者最大的不同，除了博士研究生在层次上高于硕士研究生以外，两者对掌握理论知识、技能方法等素养的要求也有所不同。《中华人民共和国高等教育法》第十六条规定：硕士研究生教育应当使学生掌握本学科坚实的基础理论、系统的专业知识，掌握相应的技能、方法和相关知识，具有从事本专业实际工作和科学研究工作的能力。博士研究生教育应当使学生掌握本学科坚实而广泛的基础理论、系统深入的专业知识、相应的技能和方法，具有独立从事本学科创造性科学研究工作和实际工作的能力。无论是博士还是硕士学位，都要求研究生掌握本学科的理论知识、方法技能，并要求具有"从事科学研究工作"和"专门技术工作"的能力；都要求培养"学"（理论基础、专业知识）和"术"（技能和方法）统一的高级专门人才。不过相比较而言，博士研究生更具有知识的广博性、专深性以及科研的独立性等特质。

按照研究生类型来划分，包括学术型研究生和应用型研究生。两类研究生的划分主要源自我国研究生教育对两种学位类型的划分，即学术学位和专业学位。攻读学术学位的研究生通常称为学术型研究生，攻读专业学位的研究生称为应用型研究生。专业学位和学术学位的本质区别在于人才培养目标、知识结构、培养模式及人才质量标准不同。

培养目标方面的差异：学术学位主要面向学科专业需求，培养在高校和科研机构从事教学和研究的专业人才，其目的重在学术创新，培养具有原创精神和能力的研究型人才；专业学位主要面向经济社会产业部门专业需求，培养各行各业特定职业的专业人才，而不是从事学术研究，其目的重在知识、技术的应用能力，培养具有较好职业道德、专业能力和素养的特定社会职业的专门人才，如工程师、医师、教师、律师等。

培养模式方面的差异：设立学术学位主要是为了满足人的发展的普遍需要和社会基础研究人才的需要，因此，学术学位所表征的主要是学位获得者在相应的学科领域中知识的掌握程度和理论的修养水平，职业能力并不被纳入其重点考虑的范畴。因此，在研究生培养的过程中，培养主体侧重考虑的是，如何培养学术型研究生综合的学术素养和科研能力，包括理论素养、方法素养、把握学科前沿的素养、开拓学术疆域的素养、独立探究问题的能力以及良好的学术态度和科研精神等，而不是职业能力；设立专业学位主要是为了满足特定社会职业的专业人才需求，主要着力于培养受教育者应用型开发性研究与设计能力。专业学位表征的主要是其获得者具备了特定社会职业所要求的专业能力和素养，具备了从业的基本条件，能够运用专业领域已有的理论、知识和技术有效地从事专业工作，合理地解决专业问题。目前，我国专业学位正处于蓬勃发展阶段，硕士专业学位种类不断增加，培养的应用型研究生规模呈递增趋势，获得专业学位的人数也逐年增加。①

专业学位和学术学位一起构成现代高等教育学位体系不可缺少的两大组成部分，既相互联系又相互区别。高等教育越成熟，两个体系的划分越明晰。专业学位和学术学位都是建立在共同的学科基础之上的，攻读两类学位的研究生都需要接受共同的学科基础教育，都需要掌握学科基本理论和基础知识与技术，不能降低其整体水平。在不同的教育阶段，两类学位获得者进一步深造可以交叉发展。比如：学术硕士学位获得者可以攻读专业博士学位，专业硕士学位获得者也可以攻读学术博士学位。

----

① 我国自1990年开始实行专业学位教育制度以来，经过数十年的努力和建设，专业学位教育发展迅速，取得了显著的成绩。目前，我国已基本形成了以硕士学位为主，博士、硕士、学士三个学位层次并存的专业学位教育体系。硕士层次专业学位有金融硕士、应用统计硕士、税务硕士、国际商务硕士、保险硕士、资产评估硕士、审计硕士、法律硕士、社会工作硕士、警务硕士、教育硕士、体育硕士、汉语国际教育硕士、应用心理硕士、艺术硕士、翻译硕士、新闻与传播硕士、出版硕士、文物与博物馆硕士、建筑学硕士、工程硕士、城市规划硕士、农业推广硕士、兽医硕士、风景园林硕士、林业硕士、临床医学硕士、口腔医学硕士、公共卫生硕士、护理硕士、药学硕士、中药学硕士、军事硕士、工商管理硕士、公共管理硕士、会计硕士、旅游管理硕士、图书情报硕士、工程管理硕士39种，博士层次专业学位有教育博士、口腔医学博士、兽医博士、临床医学博士、工程博士5种，学士层次专业学位有建筑学1种。专业学位培养单位现共有509家，其中普通高校495家。截至2008/2009学年我国累计授予硕士专业学位约48.97万人，授予博士专业学位约0.7万人。其中硕士专业学位的授予人数近年来大幅增长，体现了国家经济建设和社会发展对高层次应用型专门人才的迫切需要。我国已经初步建立了具有中国特色的专业学位教育制度，为社会主义现代化建设培养了大量高层次、应用型专门人才。——笔者注。

另外，按照培养方式的不同可以分为委培研究生、定向培养研究生、全日制研究生等。本研究所指民族学研究生除特殊指明以外皆为学术型研究生。民族学一级学科下的 5 个二级学科培养的研究生都为学术型研究生。而与民族学相关的文物与博物馆专业①硕士点培养的研究生为应用型研究生或专业硕士生。

（二）培养模式

培养模式是指在一定的教育思想、教育理论和特定需求的指导下，为实现培养目标和培养规格，而形成的培养过程中的诸要素构成的某种标准构造样式和运行方式。包括"培养什么样的人"和"怎么样培养人"两个层面的内涵。其中，前者包括培养对象、培养目标、培养规格等要素；后者包括培养主体、培养方式、培养条件、培养评价等要素。培养模式通常具有相对稳定性和系统性等特点。

以系统论的视角来看，研究生培养工作是由诸多环节、多种因素相互关联和相互作用的复杂结构系统。民族学研究生培养模式实际上是根据民族学学科人才培养的特征而对民族学学科研究生培养结构系统的一种简要概括，是参与民族学研究生培养工作的各要素及其相互关系的总和。它包括民族学研究生培养目标、培养方式、培养质量以及培养评价等诸多要素。

1. 培养目标

培养目标是指通过培养活动，作为培养对象的研究生在知识、能力、素质结构上所要达到的基本要求和规格标准。研究生的培养目标包含着特定的价值目的和价值判断，规定着研究生的培养方向和规格要求，回答了"培养什么样的人"的问题，是整个研究生培养活动的出发点和归宿。②

---

① 文物与博物馆硕士专业学位的英文名称为 "Master of Cultural Heritage and Museology"，英文缩写为 "M. C. H. M"。文物与博物馆硕士专业学位的培养目标是：为各级文物管理机构及各类博物馆、研究机构、出版机构、社团组织、文物商店、拍卖行等，培养具备良好的政治思想素质和职业道德素养，具有现代文博事业理念，较好掌握文物与博物馆及相关领域的知识和技能，能胜任较高水平业务或管理工作的高层次、应用型文物与博物馆专门人才。目前设置有该专业的高校有中央民族大学、厦门大学、中国人民大学、中山大学等 28 所。——笔者注。

② 谢维和、王孙禺主编：《学位与研究生教育：战略与规划》，教育科学出版社 2011 年版，第 302 页。

研究生培养目标需要遵循研究生教育规律，在国家有关研究生教育的法律法规体系的规范下，根据学科特征和高层次人才培养特点来确定。由于研究生教育层次或类型的不同，本科生与研究生，硕士研究生与博士研究生，学术型研究生与应用型研究生，它们之间的培养目标各有不同。例如，硕士与博士研究生的培养目标就存在差异。高等学校和科学研究机构招收攻读硕士学位研究生的培养目标是：培养热爱祖国，拥护中国共产党的领导，拥护社会主义制度，遵纪守法，品德良好，具有服务国家服务人民的社会责任感，掌握本学科坚实的基础理论和系统的专业知识，具有创新精神和从事科学研究、教学、管理等工作能力的高层次学术型专门人才以及具有较强解决实际问题的能力、能够承担专业技术或管理工作、具有良好职业素养的高层次应用型专门人才。① 高等学校和科学研究机构招收攻读博士学位研究生的培养目标是：培养热爱祖国，拥护中国共产党的领导，拥护社会主义制度，遵纪守法，品德良好，具有服务国家服务人民的社会责任感，掌握本学科坚实而广泛的基础理论、系统深入的专业知识、相应的技能和方法，具有独立从事本学科创造性科学研究工作和实际工作的能力的高层次专门人才。其中，两者最大的不同在于两者对知识学习的广度与深度的要求不同。又如，学术型与应用型研究生的培养目标也不同，这在探讨研究生的概念时已有所论及。

培养目标是随着一个国家的经济社会发展而不断进行调整的，但一般情况下，研究生培养单位或某学科专业确定的人才培养目标具有相对稳定性。除非在经济社会发展对人才需求的驱动与导向下或在国家研究生教育政策发生重大调整的情况下，培养目标才会进行适应性调整，否则是不会轻易变动的。例如，1986 年研究生司起草和下达了《关于改进和加强研究生工作的通知》（以下简称《通知》），指出："研究生教育要贯彻面向现代化，面向世界，面向未来这一总的指导思想。研究生发展规划要从我国四化建设的实际出发，密切结合教育、科技、经济建设和社会发展的需要；要逐步做到立足于国内，以国内培养为主；要根据国家对不同岗位高层次人才的不同需要，培养不同规格的研究生。"该《通知》是我国自1978 年恢复研究生招生和 1981 年实施学位制度以来，首度对研究生培养

---

① 参见《2012 年全国招收攻读硕士学位研究生招生简章》。

模式改革的一个重要决策，从而为研究生培养模式的多元化，高层次人才培养目标的确定等发挥了重要导向作用。自此开始，我国研究生教育不仅要培养教学、科研型高级专门人才，还要涵盖以培养为我国经济建设、社会发展服务的应用型高级专门人才的培养目标。1990 年 10 月 5 日国务院学位委员会第九次会议所作的《关于设置专业学位调研工作的汇报》，探讨和论证了专业学位设置的必要性。1991 年开始，根据不同社会行业对不同类型、不同规格高层次人才的需求，设置了专业学位，正式培养专业学士、专业硕士和专业博士三个层次的应用型人才。培养目标是对培养什么类型、什么层次人才的回答，具体通过培养规格和培养要求来体现的，具有相对稳定性和系统性的特点。

2. 培养方式

培养方式是实现研究生培养目标的重要途径或手段。其实质是研究生培养主体在培养过程中采取的培养行为及决策，是如何培养合格的研究生的问题，其主要包括研究生教育的学科平台搭建、课程设置、导师指导、研究生教学和科研、研究生学习以及学位论文撰写、答辩与学位授予等诸多要素。这里不打算展开详细论述，仅选择几个比较受到关注的要素进行简约论述。

（1）导师指导

目前国内外大学普遍采取"导师制"方式指导研究生的学习和科研。例如，德国的博士研究生培养以导师制为核心，导师不仅对博士招生具有决定性的权力，而且在博士培养过程中如论文选题、写作等，发挥关键性作用。英国的研究生指导方式与德国存在细微差别。由于"牛津和剑桥的悠久的导师教学传统，对英国其他高等学校有着影响，仍保留着可以描述为学徒制模式的残留遗产。学生不是被通过标准化的程序进行训练，而是通过依附于一位名师并且看着他或她工作，学习他们的学科是干什么的"①。一个学生一般分配给一位导师，如果要写论文，导师便给予指导。而在我国，研究生跟导师的关系比较"亲密"，导师跟研究生双向选择并相互确定后，研究生的学习和论文写作，甚至一些生活问题，也由导师负

①　[美]伯顿·克拉克主编：《研究生教育的科学研究基础》，王承绪译，浙江教育出版社 2001 年版，第 144 页。

责。尽管我国也已实施导师组培养的方式，但类似于"师徒制"的导师指导方式，依然是主流方式。

（2）教学与科研

教学和科研结合是当今世界研究生教育的重要特征。19世纪初的德国柏林大学秉持的"洪堡理念"，使得"研究生教育的各个专业保存了最初洪堡的印记"①。弗莱克斯纳认为，教学与科研的结合对于一个国家的研究生教育发展具有重要意义：教学和科研相结合成为开启研究生教育大门的重要原则；教学与科研的结合促进了英国大学的发展；教学与研究的结合促进了新世界研究生院的诞生；教学与研究的结合也使工业生产、卫生保健及一切可以想象的实用性活动收益无穷。②

学术型研究生以"学术"为中心，如果只是照搬本科阶段的授课式知识传授，而不训练研究生系统的科研素养和撰写学术论文的能力，必然会走进学术型研究生培养的死胡同。教学固然重要，因为教学可以帮助研究生获得系统的理论知识、研究方法，完善研究生的专业知识结构，这是一个知识内化的重要过程。参与科研是训练学术型研究生科研能力的重要手段，也是各国研究生教育目标的根本追求。研究生只有真正参与到课题研究，着手参与课题申报、课题研究、结题等具体研究工作中，才能真正获得系统的科研素养。不过，简单地认为"教学与科研相结合"，还并不是学术型研究生培养最佳方式的完整表达。对于国内大部分研究生培养机构来说，"教学和科研"通常是以导师为主位来考虑的，并未内含以研究生为主体的"学习"的关键性要素。"教授们明显地能够从事远离他们教学的科研，同时他们能够教整理好的知识，离开在科研界正在进行的工作整整有一光年。最重要的是，'教学和科研'很少谈到学生的参与，'学习'的成分很容易被忽略，仅仅假定在通常认识的情况下会发生，即教授们可能把他们自己参与科研活动和教学活动结合起来，从而没有在很大

---

① ［美］伯顿·克拉克主编：《研究生教育的科学研究基础》，王承绪译，浙江教育出版社2001年版，第259页。

② ［美］亚伯拉罕·弗莱克斯纳：《现代大学论》，徐辉、陈晓菲译，浙江教育出版社2001年版，第275页。

程度上把学生包括进去。"① 从整体功能来看，我们的研究生教育是教育研究生、培养研究生，而不是"膨胀"导师的"教学和科研"，忽略研究生从教师的教学科研活动中获得的收益。因此，为防止导师的"教学和科研"和研究生的"学习"各自分离，应该丰富教学与科研相结合的简单培养内涵，建立"教学—科研—学习"的培养模式，让研究生的学习融入导师的教学和科研活动中，以真正获得学术训练。

（3）学习与论文撰写

学术型研究生的学习具有学术性、思想性、研究性的特质。研究生的学习不能停留在纯粹的记忆性学习、片面学习等层面，而应是探究式学习、系统性学习和反思性学习。研究生要善于从浩瀚的知识海洋中学会知识选择、知识汲取和知识运用，学会掌握学科经典理论和方法体系，学会把握学科前沿，学会以研究的态度去思考、研究学科热点和焦点问题。

学位论文是对研究生进行科学研究或承担专门技术工作的全面训练，是培养研究生创新能力，综合运用所学知识发现问题、分析问题和解决问题的主要环节，是研究生阶段学习的一个最重要的过程，也是研究生培养评价的重要指标。对学位论文的要求和规定是对研究生培养质量的严格控制。这对于全世界研究生教育来说，都具有普遍意义。尤其对于学术型研究生来说，撰写具有思想性、学术性和创新性的学位论文，对于研究生的自我成长具有重要意义。在研究生培养上，研究生自己以及指导教师，都应高度重视学位论文的选题、撰写工作，注重写作过程中涉及的学术道德、学术规范和学术质量等问题。

3. 培养质量与评价

培养质量和评价是对研究生培养结果的检测和评估。按时间划分，有过程性评价和结果性评价。其主要形式有学年鉴定、中期考核、终期考核、课程考核、教学实践、专业实习、毕业论文、就业情况等。

研究生培养模式的形成与架构是以"培养什么样的人才"和"怎么样培养这样的人才"为基本出发点的。培养模式包含的诸要素之间，存在相关联系、相互影响和相互制约的关系。"培养什么样的人"决定着培

---

① ［美］伯顿·克拉克主编：《探究的场所：现代大学的科研和研究生教育》，王承绪译，浙江教育出版社 2001 年版，第 14 页。

养目标，而"怎么样培养这样的人"和培养目标同时决定培养方式；培养目标通过培养方式来实现，而培养方式是否科学合理与培养目标是否实现，或培养目标是否符合社会对人才需求，需要通过质量评价体系的检验，从而把信息反馈给培养目标和培养方式，并促使培养目标和方式的调整、改革和创新（参考图 0 - 2）。

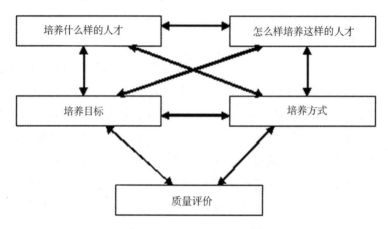

图 0 - 2　研究生培养模式示意图

　　根据对"培养模式"诸要素相关内容的简约性探讨，我们可以这样表述学术型研究生培养模式，即在学术型研究生教育思想、理论和特定需求的指导下，为实现学术型研究生培养目标和规格，由培养过程中的诸要素构成的某种标准构造样式和运行方式。

　　诚然，要探究学术型研究生培养模式创新的理论与实践逻辑，就应探讨"培养学术型人才"和"怎么样培养学术型人才"的具体方法方略问题，除了对学术型研究生培养目标、培养方式、培养质量和培养评价等诸要素进行系统研究以外，我们更应该树立这样一种学术型研究生培养的核心思想：从学术型研究生学术性、研究性等根本特征出发，系统探究学术型研究生做学问、做科研的相关主题，在研究生培养的平台搭建、研究生学术素养的培养、科研能力的培养等方面进行系统研究，从而探索学术型研究生培养的恰当方式方法，揭示学术型研究生培养的特殊规律。

第一章 研究生培养的基本关系

研究生培养是一项系统的教育工程，包括培养理念、培养目标、培养方法、培养模式、培养质量等。为更好地培养高层次人才，首先需要厘清研究生培养体系中的基本概念。研究生培养是一个关乎"培养什么样的人"和"如何培养人"的理念与方法的议题。研究生教育唯先有明确的价值理念，才会有清晰的人才培养目标和科学合理的培养方法，才能培养出高质量的理想人才。研究生教育首先需要回答的根本问题是"培养什么样的研究生"：掌握哪些知识和技能、具备哪些素养和品质、形成何种独立个性等。其次要解决的实践问题是"怎么样培养研究生"：作为培养主体的研究生导师，应具备何种资质，如何把握好培养的方向、价值取向、手段和方法；作为学习主体的研究生，如何理解自我成长的价值选择，掌握学习的策略、科研的方法，生成学术素养。此乃研究生培养过程中务必首先界定的内容。

一 经师与人师："博学"与"厚德"的双重使命

教师有"经师"和"人师"之分，前者传授"知识"与"学问"，后者传授"行为"与"道德"。任何阶段的教育教学，都离不开这两种教师。教育家徐特立曾言："我们的教学是要采取人师和经师二者合一的，每一个教科学知识的人，他就是一个模范人物，同时也是一个有学问的人。""经师"和"人师"之说，看似是针对教师类型的划分，实际上教师和学生是相互定义的，对某类教师的"期待"和"规约"，实则也是对受教育者之成长和发展的内在要求。教师不仅通过"教书"传递知识，还通过"育人"承担着"化民成俗"的公共责任，传授"为学"和"为人"、"学识"和"品德"的双重知识。"为学很重要，但为人更重要"，或"为学先为人"，似乎已经成为普遍"流行"的"劝学"话语。或许对"经师"的期许是以传授广博的"学问"为主，对"人师"的期许是以传授深厚的"品德"为主。然而教师究竟应该传递人类揭示或创造的博大精深的学问，还是关乎社会礼义廉耻的德行？答案是不言而喻的，我们并非要在二者中做非此即彼的选择，因为无论是品德、智识、体魄、审美，它们都是大学教育理念不可摈弃的价值追求。

众所周知，受中国传统文化影响，很多大学的校训采用了"厚德"与"博学"的概念，彰显着大学人才培养的核心理念和价值取向。然而，到底应该是"厚德博学"，还是"博学厚德"？他们之间是否存在"何者为第一位"的问题假设？有些人认为，大学是师生探究深奥知识的地方，因此要以"博学"为先，只有学到真学问、真学识、真"功夫"了，才能为社会化做准备，并学以致用。如西南政法大学校训为"博学笃行，厚德重法"。该校训释义中强调，"德""法"首先要在"博学"的沃土中成长，在"笃行"的平台中成熟，没有"博学"的坚实基础，"笃行"的坚强后盾，"德""法"将是无根之木，无源之水，难以造就博雅之士。德与法的关系对应的是争论已久的"情"与"理"的关系问题，是一个深刻的法学、政治学、社会学和哲学议题。西南政法大学的校训，既是一种校园文化，也是一种隐性课程，能够有效激发学生省思。

有人则认为，大学教给学生的不仅仅是知识，只有先教会学生怎样为人，怎样做一个有责任、有道德的人，才能真正把知识内化，正确利用知识，服务于社会，教益于社会，才能被社会所接纳，从而实现个人价值和社会价值的统一。故应该先"厚德"，再"博学"。如成都体育学院的校训为"厚德博学，睿智健体"；上海师范大学的校训为"厚德，博学，求是，笃行"；河南师范大学的校训为"厚德博学，止于至善"；广西民族大学的校训为"厚德博学，和而不同"等等。这些高校都把"德行"放在"学识"的前位。事实上，任何教育现象都是由复杂要素、复杂结构、复杂过程生发的，彰显着复杂的教育本质。研究生导师兼顾好"德"与"学"的传承，做到"经师"与"人师"合一，才是一个能把学生引向正确学术或职业之路的好导师。

研究生导师不仅是普通意义上的教师，作为高层次人才培养的主体，他是教师、导师和人师等多重角色的统一。若将研究生教育比作一艘通往智慧之门的大船，研究生是航行在汪洋中的船体，教师就像是云帆，借助制度、资源和平台推动学生的进步，导师就像是马达，通过驱动、鞭策和引领学生发展，"人师"则是航标，明确船体航行的方向。其中"人师"内涵了教师的"教"和导师的"导"，不仅为学生提供人生发展的方向，也不仅为学生的知识系统化和人生发展提供动力和机遇，更以身作则，提供"德、言、行"的典范。因此要做好人师就要同时兼备教师和人师之优秀品格，以及在此基础上要有更高要求的提升。相对本科生而言，研究生是一个在心智和品德等诸方面发展较为完善的群体。他们需要的不仅是知识的"填鸭"，还需要导师对其科研素养的系统培养，更需要对学生心理压力的疏导与适当的人文关怀。

诚然，一个好的导师，需要具备多元优良的品质。首先，作为"教师"，给研究生们上课是第一职责，需要发挥教师传道、授业、解惑的"工具性"作用。其次，作为"导师"，应该创新教学模式，架构好教学、科研、学习"三位一体"的理想教学模式，营造良好学术氛围，为学生成才创造条件。最后，作为"人师"，树立"学高为师、德高为范"的"师范"意识，提升为人与为学的优秀品德，以身作则。尤其是在科研上要有所建树，加强自身修炼。社会学家马克斯·韦伯认为，决定一个人的地位有三大要素：权力、财富和声望。研究生导师承载的最有影响力的便是由其学术和育人所建构起来的声望，而这种学术成就和人格魅力正是一个研究生导师理性追寻的"经师"与"人师"之道。

二　名师与严师：两种风格的导师之角色精神

"名师出高徒"和"严师出高徒"是研究生教育领域颇为流行的两种说法，蕴含着不同的教育理念和人才培养价值取向。客观地看，这两种说法并不矛盾，彼此都有合理的成分，分别揭示了研究生教育的某些特性。

理想导师并未有一个终极标准，对于不同研究生来说，对导师的期待各不相同。有些研究生并非头脑不慧，或不知如何做学问，而是自身缺乏自我约束能力，不愿意花时间看书学习，逐渐养成学术惰性，因此需要严师强化管控；有些研究生认为，选择名师作为导师，会享受到"名师效应"，不仅可以很好地学习学科领域的知识，把握知识的前沿和深度，还可以获得名师所带来的更多的知识、社会和人脉资源，从而较快地树立自己的学习优势。

对于导师本身而言，导师对自己的职业发展要求也是千差万别的。有些导师依靠自己的科研成果和学术影响力而享誉学界，有些导师因为鲜明的个性、一流的口才等而声名远扬，虽"严"或"名"的路径各不相同，但皆值得学习。有时候导师的"严"并非源自导师的私人属性，而是学科自身的严格规范。例如有导师认为"所谓严，通常是指严格地按照明确的目标、明确的样子去做"，"科学研究在于不断地向未知领域探索，科学是严肃的，其严肃性主要在于必须经受严格的实验或观测到检验。这里的严，不是通过教学去实现，而是通过学生的创新能力去实现。所以，我主张对于研究生的培养，特别是对博士生的培养，不是以'严师'的方式，而是以更为宽松的方式去实现"。① 因此，研究生理想的导师可以是严师，也可以是名师，而导师可以因为"严"而"名"，也可以因为"名"而"名"。至于"严师""名师"是否就必然出高徒，这仅仅是一个不具必然性的选择或判断。

在现实生活中，因"师承"关系而走向人生巅峰的例子不胜枚举，很多人的成功离不开与导师的"密切"关系。当代著名数学家、中国科学院院士陈景润的成长经历就是很好的例子。曾有一篇《哥德巴赫猜想》的报告文学使陈景润这位数学奇才一夜之间家喻户晓。而在他的辉煌事业中，陈景润所结识的两个"圈"中之人对他的引导、赏识和帮助起了非常重要的作用，那就是沈元和华罗庚。沈元是伦敦大学帝国理工学院毕业的博士，清华大学航空系主任。1948 年沈元在母校英华中学暂时任教时，陈景润正好是他的学生。陈景润对当年老师讲的赫尔巴特猜想的故事铭记于心，后来他从厦门大学毕业后，又被华罗庚"相中"，调入中国科学院数学研究所。在名师华罗庚数学家的精心指导下，潜心研究，最后终于在中国《科学通报》中向世人宣布：陈景润证明了（1＋2）。陈景润正是和"名人"建立了"关系"，他才能在自己的事业上成就强势的地位。人生

---

① 周文辉、周玉清等：《导师论导：研究生导师论研究生指导》，北京工业大学出版社 2008 年版，第 292 页。

中能拜谒几个真正的名师是没有定数的，也许是零，也许是不计其数。"从师于'大家'就意味着你的起点更高、技艺更精、机会更多。"① 一旦我们有机会接触名师，我们一定要虚心主动地去结识，因为我们后面的路很可能取决于他们的指点与帮助。尤其是在自己所从事的领域，有很多关键人物都掌握着这个领域的最新信息或对这个领域发展的趋势具有很大程度上的决定作用。

同样的逻辑，在中国传统文化教育里，对"凡学之道，严师为难。师严然后道尊，道尊然后民知敬学"（《礼记·学记》）的教育伦理诉求，也是对"严师出高徒"的价值认同。尽管其中的"严"更多的是"尊敬"的内涵，但这无疑也是对师者的"敬畏"与"威严"的刻画。自古以来，关于严师的例子也是举不胜举。《离娄章句上》中就有关于"严师"孟子的记载：乐正子从於子敖之齐。乐正子见孟子。孟子曰："子亦来见我乎？"曰："先生何为出此言也？"曰："子来几日矣？"曰："昔者。"曰："昔者，则我出此言也，不亦宜乎？"曰："舍馆未定。"曰："子闻之也，舍馆定，然后求见长者乎？"曰："克有罪。"孟子对于弟子返回齐国后却没来见自己而生气，学生给出的理由是未定下住宿的地方，孟子认为难道只有定下住宿的地方后才来见我？最后学生不得不认错。孟子给人以自尊而凛然不可犯的形象。在学生面前，他更多地呈现出"严师"的形象。字里行间体现着孟子始终咄咄逼人的态度和"高处不胜寒"的人生境界，也不难体味到，他始终维护和秉持"师道尊严"的教育伦理，而对学生的宽厚和关心则无从显现。可以说，孟子的可敬可畏压过了可亲可爱，他俨然具备一个"严师"的特质。然而，正是这个"严师"，却成就了乐正子、公孙丑、万章等优秀的学生。

诚然，"严师"和"名师"都客观存在于现实中，两者并不相冲突，也不是一对完全独立的矛盾体。如果研究生从师于"名师"，虽然有良好的文化资本、知识资本、社会资本等，自身若缺乏坚强的意志和勤奋努力，也成不了高徒，而只是徒然无获。相反，如果研究生从师于"严师"，尽管没有那么多优势资源，但导师对学生的严格要求，再加上学生的不懈努力，也可以成为"高徒"。诚然，严师和名师掌握的资源谁多谁

---

① 皇甫中行：《强势者生存》，东方出版中心 2006 年版，第 68 页。

少，孰优孰劣，没有必然的界限。因为严师可能也是名师，名师也可能是严师。如上所述的陈景润和孟子的例子，前者即便有了名师和"大家"的导引，但如果没有自己对"猜想"的坚持和努力，也是不能成为"高徒"的；后者虽然也是从师于名师，但可以说孟子的威严更是培养学生的重要条件。当下，"名师之于学校具有品牌效应、示范效应和凝聚效应，名师之于学生，具有潜在效应、校样效应、激励响应和马太效应"①，而严师之于学校与学生同样存在这些影响力。因为研究生理论上属于高层次的创新性拔尖人才，没有名师引导不行，没有严师的"管控"也不行，有名师引导但自身不努力、不自觉也成不了高徒。

三　教授与自学：教师与学生中心的主体自觉

"教师中心"还是"学生中心"，是近百年来教育理论界争论颇为激烈的两大命题。就研究生教育而言，就是一个如何处理"教师教授"与"学生自学"之间的关系问题。今天的研究生教育实践中，不同的导师有不同的指导价值取向，或重导师教授，或重研究生自学，或两者兼顾。从本质上看，"学生永远不是别人教会的，而是自己学会的"，教师的"教"最终为了"不教"。以往，某些教师秉承以树立教师权威为主导的师生关系，喜欢以师长的身份自居，以自己的权威教导学生，希望把所有书本的、经验的知识教给学生，希望迅速提高学生的生存和发展能力。毫无疑问，这些老师的愿望是美好的，但多少带有理想主义色彩。学生是被教会的吗？不尽然。学生也可以是自己学会的。尤其是对于高层次人才培养来讲，学生在学习过程中对教师讲授的知识仅仅是选择性地吸收，而不是对"全部知识"的全盘接收和复刻。因此，即便教师试图要把所有学科知识、思维方法、实践技能教给学生，学生并不一定能完全内化。事实上，作为高层次教育的实践主体，研究生的知识结构、能力结构、素质结构等都已趋于完善，具有相对独立的选择能力和判断能力，更倾向于也能够独立地进行知识选择、知识汲取、知识运用。只有认识到这一高层次人才培养规律，才能培养出优秀的研究生，培养出高层次拔尖人才。

---

① 　任勇：《师者回眸》，北京师范大学出版社 2009 年版，第 295 页。

　　所谓"学生从来都是自己学会的，而不是教会的"，不是说研究生的培养完全不需要导师的教，可以脱离教师的影响而完全自学、放任自流，而是意在强调，研究生要发挥自己的主观能动性和主体作用，积极主动地学习，有选择性地学习，自主性学习。"不仅要在教师的指导下学习，更要在自己的指导下学习，自己就是自己最直接的指导老师。"① 换言之，除了需要高水平教师的指导外，更需要的是学会自学，教师只能引导研究生去读书，启发思维，传授方法论，引导研究生去探索性研究，发挥导师"导"的作用。

　　教师要着力于教会学生学习，其关键在于培养学生的学习兴趣。因为兴趣是学习行动的不竭动力，也是诸多教师教学的切入点。通过兴趣老师可以激发学生学习动机，激励学生行动。当学生通过学习取得成果，其学习兴趣再次被激发。如此周而复始，循环反复，学生得以良性发展。心理学的观点告诉我们，人的一切行为都源自需要，所谓需要在很大程度上就包含兴趣，需要大多基于兴趣偏好。由于兴趣，我们于是就产生满足需要的动机，动机会激发行为，从而又通过行为来实现、满足我们的需要。所以，研究生学术质量的高与低，结果的好与坏，与其研究兴趣紧密相关。兴趣越浓，动机越强，激发行动的强度就越强，产生的结果就越明显，影响越久远。假如研究生做学术完全没有兴趣，只是为了完成课题的任务，硬着头皮去做，那么做起来一定事倍功半，或缺乏深度，或缺乏创造性，不成系统。

　　所以，以学术为志业，"得尽量找一个和自己'趣味相投'的学科、专业或课题。能做多大的学问，很难说；自得其乐，这最重要。"② 在研究生教育教学过程中，教师或导师要提高研究生做学问的水平，不是通过提供多少课题和系列必读书目或传授多少书本知识，而要通过改进教育方法，创新培养模式。首先要培养学生的学习兴趣，帮助学生确立感兴趣的学科知识领域，然后尽可能为学生营造一个良好的学术环境，激发学生做学问的兴趣，一旦学生有了兴趣，便有了学习的动力和行动，从而走向自

---

　　①　王荣发：《大学之道：思想修养与人生发展》，华东理工大学出版社 2003 年版，第 289 页。

　　②　陈平原：《大学何为》，北京大学出版社 2006 年版，第 50 页。

主学习。当学生坚持自主学习后，应该"传授研究的技巧，包括：给予有效反馈；引入一种结构性的'断奶'程序"①，即要让研究生经历"自学—反馈效果—自学—脱离导师依赖—完全自主研究、自主学习"的学习过程，从而在科研的道路上走向完全独立。唯有在学生发挥主体作用的情况下，把教授和自学有机结合起来，才能使获得教学效果的最大化，实现"教学相长"。

四　博学与专深：由博返约的过程化

学有专长或学术专深是研究生的基本特征，也是研究生教育的目标追求。《中华人民共和国高等教育法》第十六条规定：本科教育旨在使学生比较系统地掌握本学科、专业必需的基础理论、基本知识，掌握本专业必要的基本技能、方法和相关知识，具有从事本专业实际工作和研究工作的初步能力。硕士研究生教育应当使学生掌握本学科坚实的基础理论、系统的专业知识，掌握相应的技能、方法和相关知识，具有从事本专业实际工作和科学研究工作的能力。博士研究生教育应当使学生掌握本学科坚实而广泛的基础理论、系统深入的专业知识、相应的技能和方法，具有独立从事本学科创造性科学研究工作和实际工作的能力。

从培养目标看，较之本科教育，研究生教育更强调培养学生"宽泛基础"与"专业知识"并重的培养方式与理念选择。而在不同研究生层次中，对于专业知识的"宽口径"与"专而精"的诉求又存在差异性。硕士研究生的要求相对较低，要求硕士生掌握本学科"坚实的"基础理论和"系统的"专业知识，而博士研究生则要掌握本学科"坚实而广泛的"基础理论和"系统深入的"专业知识。作为精英型教育的博士研究生教育，不仅要培养学生全面而广阔的学科专业基础知识，而且还要引导学生建构能体现学生知识专长的知识结构，从而使学生在同一群体中能够依凭自己独特的学科知识和研究领域而脱颖而出。那么，如何才能培养研究生走向"博学"而"专深"呢？

---

① ［英］埃斯特尔·菲利普斯，［英］德里克·皮尤：《怎样获得研究生学位——研究生及导师指南》，余飞译，中国人民大学出版社 2005 年版，第 174—180 页。

事实上，"博学"一直是大学的不懈追求，也是大学培养人才的初衷。早在古希腊时期，博雅教育（liberal education）或自由教育就是培养博学多识的人才的一种教育形式。这里的"博"不只是知识的累积，还包括学识的融会贯通，它是对"七艺"（文法、修辞、逻辑、算术、几何、天文、音乐）课程的全面学习。从学生的立场出发，学生需要学习的知识涉及人类知识的各个学科领域，似乎永远都学不完。红衣主教纽曼更是主张"把一切事物教给一切人"。考虑到知识的无限性和人学习能力的有限性，这样的主张又无形中给教师和学生增加了不少"担子"。那么，为什么知识如此"浩如烟海"，却培养了那么多享誉历史的学者、名家？是基于对"博学"的遵从吗？这值得思考。而在知识严重分化的今天，专业教育占据了我们教育的"霸主"地位，教育的工具性和功利性在无形膨胀，威胁着高层次创新型人才的造就与培养乃至影响"大师"的诞生。这不禁让人想起中国的"教育之殇"，即"钱学森之问"，或许我们可以从这里觉察到部分答案。引入博雅教育并不是呼吁我们今天的高层次人才培养要彻底回归到古典时期的教育模式，而是在当今专业教育盛行的时代，要对如何培养"博学多识"的人才进行理性思考。

研究生教育要以博求深，不能止于基础。治学要奠定基本理论知识的基础，要注意积累知识；基础宽的目的是为了深，同时也只有宽了，才能专和深。专深是有根基的，它是博学基础之上的专深，是一种"由博返约"式的专深。研究生教育要为学生打好厚实的根基，既包括本学科的根基，也包括相关学科的根基。诸如武汉大学等一些名校都在实施跨学科高层次人才培养创新项目的研究与实践。以个人体验为案例，在本科阶段作者学的是人文教育学专业，报考研究生时，跨专业学习了社会学专业，而最终又跨专业调剂到民族学专业民族教育方向。基于作者这样的学生，在进入研究生阶段学习后，导师根据学生的教育背景和学科基础，拟定了专门的培养计划和策略。首先，导师考虑到培养对象的跨学科跨专业背景，认为对于目前所学专业的知识基础势必不牢固，因此提出需要加强民族史、民族理论与方法、民族学通论、教育基本原理、教育史、教育研究方法、教育哲学等基础知识的学习和积累；其次，考虑到培养对象的研究方向为民族教育，属于跨学科研究范畴，因此，要求除学习本学科专业知识以外，还需要对国内外政治、经济、文化的相关知识有所了解，因为这些都是与民族教育是紧密关联的；最后，根据作者自身的学习背景，导师尽量帮助笔者构筑自己的优势：主要是继续培养笔者的跨学科视野，在本科所学的美学、社会学、历史学、文化学、地理学、政治学、哲学等人文社会科学跨课程的基础上，引导笔者学会用跨学科的理论和方法，解释和分析民族教育的实际问题，揭示事物的本质。诚然，研究生的学习就是一个由博返约的过程。教师需要做的，就是要把学生逐渐从一个知识的"拼盘"中引入一个能体现他专长和优势的学术研究领域。

五　经典与前沿：走向专深前的准备

掌握学科专业经典知识、经典理论，是学术研究和学术攀登的基石。把握前沿是学术创造创新的关键，而文献综述（即对别人的研究进行再研究）是把握学术前沿的良方。当前存在两种倾向：一是部分教师非常重视研究生经典知识的学习和掌握，却无法将学生带到学术的前沿；二是部分导师一味地强调研究的热点、焦点和前沿问题，忽视经典知识的传授和研习。

经典和前沿对于研究生来说，都是不可忽视的学习内容。每个学科都有本学科领域具有里程碑意义的经典作品和知识成果，这些成果经得起历史的反复检验，而每个学科的理论方法都需要发展，这就需要研究生对经典和前沿的双重把握。以文献综述为例，一篇好的文献综述不是对前人研究成果的简单罗列或机械堆砌。文献综述要呈现该课题的研究逻辑生发过程，形成环节分明的历史生态，包括起点性研究、生长性研究、发展性研究、突破性研究、总结性研究的状貌，并知道从哪里拓展新的研究领域或边界，对研究发展趋势有一个较为清晰的预测，形成持续创新的成果。做文献综述，需要站在巨人的肩膀上，既要了解经典，又要把握前沿，"以史为鉴"，探幽穷赜，"述往事，思来者"。懂得撰写文献综述应然是每一个研究生都应掌握的基本学术素养和科研能力。因为它全面考查了研究生对学科知识的把握情况，如果研究生系统掌握了文献综述的方法，那么也就基本把握了学科知识领域的经典和前沿，这对研究生着手做学问的第一步具有关键意义。

需要明确的是，学习、传授以及传承经典并非守旧，探究或追求前沿并非就是"维新"。无论是教师教授经典知识，还是对当前学科领域的热点、焦点进行深度挖掘，都是为了弘扬、传承和发展知识。文献综述的例子意在强调对理论和前沿的把握，是研究生不可缺少的学术素养和能力，导师对研究生理论素养和把握前沿的能力的培育，是培养研究生进行学术创造创新的第一步。

六　理论与实际：科研过程的思维原则

"理论联系实际"是一种思维原则，具有特殊的方法论意义。理论只有回到诞生它的现实中，才能有比较正确的理解，这属于方法论问题；理论研究要结合当前的现实需要，这属于方向性问题。研究工作不管主观上展现了怎样"遗世独立"的气概，但它终是客观环境或现实社会要求的产物。

研究生培养或做学问，要坚持理论联系实际，切不可闭门造车。同时，也要注意"实际联系理论"，在行路过程中，也不要忘记时不时地悟读书本、思考书本、论证书本。"读万卷书"和"行万里路"是研究之路上两条同等重要的"拐杖"。一项研究如果仅仅倚赖大脑，不依赖双脚，称不上真正的"研究"。例如，民族学学科理论，首先需要通过扎实的田野调查，研究者与研究对象"同吃、同住、同劳"，在互动中"共生、共话、共鸣、共情、共理"，搜集第一手资料，进行详细的描述性研究，形成民族志，并以此"客观翔实"的"民族志"为基础，再作解释性研究，进而建构理论。如果想要形成高质量的学术论文或著作民族志报告是不够的，需要运用民族学、人类学、文化学等诸多学科理论知识对其进行解释性研究，对"事实"进行理性反思，从而撰写出真正有影响力的研究作品。这个过程既是对研究生做学问的一个考验，也是导师训练研究生综合能力的重要方法。因此，研究生不仅应致力于掌握本学科坚实的基础理论、系统的专业知识，同时需要掌握相应的沟通技能、研究方法和跨学科知识，从而具备从事本专业实际工作和科学研究工作的综合能力。

对于研究生来讲，正确处理理论与实际的关系，实际上就是处理"学"与"术"之间的关系。"学"是指学问、科学，是认识世界的范畴，解决"是什么"和"为什么"的问题；"术"则是指技术、手段、方法，属于改造世界的范畴，它解决的是"怎么做"的问题。"学"与"术"合而为一，才称得上是"学术"，如果仅仅"学"而不"术"或"术"而不"学"，势必影响自己的价值判断，影响学术结果的客观性和有效性。因此，在研究生培养的过程中，既需要传授丰富的理论知识，包括本学科的理论基础知识、经典前沿知识以及跨学科综合性知识等，又要为研究生提供参与社会实践的机会，包括参与横向课题研究，参与社会实践调查、田野调查等活动，增强研究生的社会实践和服务能力。通过不同的实践方式，从而形成自己独特的知识结构，树立自己的学科优势。最重要的是，培养者需要在培养方式上，尤其是教学手段上，要善于引导研究生形成"理论—实践—理论"的思考模式与认识路线。研究生自己也应发挥主观能动性，正确处理理论与实际的关系。

七　学习与研究：探究性学习的方法创新

研究生教育属于高层次人才培养的实践活动。学习就是指通过教授或亲身体验获得知识、技术、态度、价值等的过程，单从汉语含义的角度来看，它对于任何学习主体来说，其意义都是一样的。而在英文中，学习有"learning"、"study"、"research"等不同的表达，这些词汇虽然也包含了中文中"学习"的内涵，但它们分别还表达了某种不同的学习态度、学习过程和学习效果。前者跟接近中文中学习的意思，即相对注重"教师教与学生学"的"效法"行为，后两者则更注重教授或体验过程中的自我探索的"研究"行为。不管是何种学习状态，研究生的学习需要把握一个核心概念，即"研究"。研究生相比较本科生而言，他的学习不应该重复进行"接受—吸收"式地学习，应该更带有相对浓厚的学术研究的意味，而是自主性、研究性地学习。

研究与学习密切关联，即研究根基于学习，但有效的学习往往寓于研究之中。部分研究生的学习表征为"为学而学"，其结果是边学边忘，没有吸收和消化，学习效果不佳。根据研究生学习的特质，应主张"学习"与"研究"的合一，即研究生要把学习当成研究，把研究当成学习，在"研究与学习"的互动中学会"研究性学习"。同时，在学习中学会学习，在研究中学会研究，即杜威所主张的"做中学"。研究生的学习一定是带着问题和思考的研究性学习，是实践性学习和反思性学习的结合。在研究生培养工作中，可通过"课程＋论文＋报告"的方式训练研究生的上述学习能力，如开设"一门专业课程"，要求研究生掌握"一部经典教材"，研读"一本经典名著"，开展"一次扎实的田野调查"，撰写"一篇达到发表水平的文章"，公开作"一场学术报告"。研究生教学不只是教材内容的简单"复述"，它要求研究生在相对规范的学理环境下，结合教师的理论讲授，进行自主学习，学会理性分析，学会实践探索，学会批判建构，包括研究志趣和领域的确立、学术观点逻辑的论证、知识观的建构、学术道德和规范意识的培养、语言表达能力的训练、研究成果的展现等。对于研究生来说，相关能力都要经过系统的钻研而习得，只有充分发挥主观能动性和学习的主体作用，在积极主动的探究性学习过程中形成的知识才是全面的，形成的理解才是深刻的，取得的成果才是有价值的。

八　勤学与巧学：互补后的高效学习法

"书山有路勤为径，学海无涯苦作舟。"这句励志名言成为很多人的座右铭，所谓"天道酬勤"。研究生确实需要这样永不懈怠、孜孜以求、学而不厌、勇敢付出的努力和勇气，唯有通过自己不断的学习，才能"博学"，才能"又红又专"。然而，现代社会是一个网络时代，是一个快节奏的信息化社会，知识呈"爆炸式"增长，总量多，更新快，人人畅游在快速变化的知识海洋里。面对卷帙浩繁的知识，研究生如何选择感兴趣的主题进行研习，如何高效地学习，如何进行知识选择、知识汲取和知识创造？

"巧学"作为一种学习方法，它可以有多种形式，比如模块学习法、分类学习法、建构学习法，还有上述的"五个一"学习法等。模块学习法的具体步骤是指，把自己感兴趣的研究主题或"知识全集"，分成一个个模块，即子课题或"知识子集"，再对子模块进行二次划分，或三次划分，直至能够对有关知识点或问题研究的线索有所把握为止。这些关联在一起的知识模块组合正是要建构的知识树，从而使拟研究的知识图式变得更加清晰、全面和系统。以学习教育学课程为例，首先在"教育学"的文件夹中，建立"教育本质"、"教育规律"、"教育目的"、"教育制度"、"教育结构"、"课程论"、"教师"、"学生"、"德育"、"教育评价"等多个子文件，再在各个子文件中建立更多的子文件，用搜集起来的经典作品、学术论文、评论性文章等填充不同模块下的各个子文件，并建立各模块知识点的联结，形成完整的知识脉络。在此基础上还可以做笔记、写读后感和撰写学术论文，并尝试着投稿发表。如此一来，不仅系统地学习了专业基础知识，还有了学术成果，何乐而不为？

　　研究生教育提倡"治学有章，自学有法"。巧学可以产生"加速度"，促进学习效果的提升，有事半功倍之效；勤学虽然产生"匀速"，但亦可以"勤能补拙"，通过兢兢业业，达到"厚积薄发"的效果。掌握科学的治学方法是人才成长必不可少的因素，一个人学术上能否有所建树，跟他自学的方法很有关系。但"巧学"不等于"投机取巧"，而是找到高效的学习方法，是解决"怎么样学可以更快地获得更好的学习效果"的方法创新。

九　独学与共学：提供开放的知识场域

　　"独学无友，则孤陋而寡闻。"独自一个人学习，易使人走向孤僻，流于孤陋。学校和导师要积极为研究生搭建共学的平台，营造"稷下学宫"的学术氛围。厦门大学教育研究院的学术沙龙值得借鉴。该院每周都举行"学术例会"，每次例会都有一个主题供师生讨论，例会的形式是多元的：或请校外专家和学者来做主题报告，或本院教师介绍自己的学术研究成果，或围绕某个教育理论问题、教育热点或焦点问题、某个教育政策文件等进行专题讨论。这种共同研讨的方式为研究生与研究生、研究生与教师、研究生与名师之间的交流和互动提供了良好的机会。针对一个前沿或热点主题，"不设防"地展开激烈讨论，思维的火花在此交汇碰撞，一场讨论结束后，记录者将讨论的核心观点摘录出来共享，或作为研讨成果发表，或留于下次继续研讨，或被某研究生当作毕业论文的主题，以进一步拓展学术的深度与广度。最重要的是，在这个稷下学宫式的学术场域中，每位师生都可表达自己，并有所收获，如费孝通所言，"各美其美，美人之美，美美与共"。

特奥雷、戈丁和兰德里的研究基于对魁北克 1500 位科学研究者的调查表明：在科学研究领域，研究者和研究者合作、研究者和生产商之间的合作，与单枪匹马的研究相比，更能提高研究效率。[①] 因此，对于研究生的培养，需要提供自由开放的学术环境以及学术公共交流的机会和平台，培养科研团队的合作精神和知识共享的学术态度。

十 规范与自由：研究生科研的基本义务与权利

学术规范和学术自由是当下学术界乃至全社会颇为关注、关心的话题。我们的研究生教育要处理好这两者之间的关系。学术自由是指学者独立从事学术活动的自由。原意是指人们出于闲逸的好奇对事物本源的自由探究，它只以人的理性为依据，不受任何现实功利的影响。现代意义上的学术自由包括内在自由和外在自由，前者指内在思想的自由，后者指自由发表思想的言论自由。正如陈寅恪先生所追求的：独立之精神，自由之思想。学术自由自古以来就是大学致力于追求的宝贵精神文化财富。

第一，学术自由、学术争鸣对科学繁荣、学术创新至关重要，任何正确的学说，只有在诸多相反学说的质疑论难中，才能焕发出真理的光芒。但学术争鸣的目的不是为了求异和求不同，不是为了排除异己的学说，而是为了求得共鸣和共同发现真理。简言之，学术繁荣、学术创新以学术争鸣、学术自由、学术民主为根基。

第二，自由不等于没有规范。没有规矩不成方圆。虽说学术无禁区，学术创新离不开学术自由，但研究生毕竟是成长中的个体，绝对的学术自由是有风险的，恰切的规范是必要的和必须的。另外，学术规范还涉及学术道德、学术个性养成、学术素养培育等一系列问题，尤为重要，需要高度重视。然而，追求学术自由在某种程度上却演变成一种不负责任的"放任"，因为有了"自由"，做学问就没了"规则"，养成剽窃、抄袭他人成果，违背学术道德和规范的陋习。事实上，"社会现实中存在大量违反制度规则和道德规范的行为往往并不是行为主体不知道遵守制度规则和

---

① ［英］托尼·比彻，［英］保罗·特罗勒尔：《学术部落及其领地：知识探索与学科文化》，唐跃勤、蒲茂华、陈洪捷译，北京大学出版社 2008 年版，第 131 页。

道德规范的意义和价值，而是明知故犯。"① 这种没有学术规范的学术自由，会扰乱学术秩序，阻碍科技文化研究的进步，必须遭到惩戒。现行的论文检查制度，对学位论文或其他学术作品的"抄袭率"或"雷同率"进行检测，达到一定的比例视为不合格，要求重新修改，要自由首先得做到"规范"。同时我们也要区分"雷同率"和"引用率"。学术引用是指在学术文章中，明确指出参考其他作者的论文，它是每一个学科研究的特征。从社会角度看，引用"说明你阅读了所有有关研究课题的资料"，从认识论的角度看，引用"说明你的研究有依有据"；在社会学科中，有很多因素促使作者引用别人的观点，一方面，"引用别人的观点，巩固自己提出的论点——引用别人的观点，意味着自己的观点得到更大支持"；另一方面，"引用名人的话，证实了自己与学术大师的交往"。② 因此，学术规范和自由在不同学科之中是有各自的理解和边界的，尺度需要把握好。

诚然，学术自由是学者超然的学术态度，学术规范是不可"失范"而务必遵守的学术圭臬。或许"规范"作为一种普遍性，可能会限制研究生"个性化"发展和创新能力的拓展，导致人才培养特色的趋同，但是，就像在这个没有绝对"公平"与"自由"的社会世界里，我们的学术也需要在相对或有限的"自由"里，寻找潜伏在"规范"价值中的学术创新。

---

① 江新华：《学术何以失范：大学学术道德失范的制度分析》，社会科学文献出版社 2005 年版，第 230 页。

② ［英］托尼·比彻，［英］保罗·特罗勒尔：《学术部落及其领地：知识探索与学科文化》，唐跃勤，蒲茂华，陈洪捷译，北京大学出版社 2008 年版，第 122 页。

第二章　作为研究个案的民族学学科

学科是研究生成长的平台，是大学实现人才培养、科学研究、社会服务和文化传承创新等职能的载体。作为"学科大家族"中的一员、社会科学中的一门独立学科，民族学①主要以民族为研究对象，探究民族的起源、发展以及消亡的过程，以及各民族的生产力和生产关系、经济基础和上层建筑。

一　民族学所挂靠组织的历史变迁

大学以学科建制为基本特征，各教学单位（如院系）以学科或专业为主要支撑平台。教学单位与学科专业共生互长，不可分割。

民族学是广西民族大学开设较早的学科专业，其所属组织随着广西民族大学的发展而发展。现如今，民族学挂靠或归属于民族学与社会学学院。该学院是为满足社会发展的需要，顺应历史文化主流，紧跟学校建设与发展步伐，逐渐建立和发展起来的教学单位。近些年来，该学院结构日趋复杂，功能日益拓展。

---

① 民族学作为一门学科，有两种形态，即知识形态和组织形态。前者主要是指民族学学科有自己的知识体系或知识构成，例如宏观层面上有民族理论、民族研究方法、民族史等原理性或结构性知识体系，中观层面有多元文化理论、结构功能主义、社会进化论、符号论、象征人类学等一些学科理论知识体系，微观层面有民族、文化、族群、宗教、信仰、仪式、瑶族、壮族、田野调查、访谈、观察等具有鲜明民族学知识体系特色的词语，这些话语体系都是对民族学的描绘与刻画，共同组建民族学知识体系。组织形态的民族学学科，是从组织学视角出发，认为民族学是一个按照一定组织规则运行的组织系统。民族学学科要传授、传承、丰富与发展民族学的理论知识与方法，就需要进行学科建设和民族学人才培养，需要在招生、师资队伍建设、课程设置、教学、科学研究等方面有计划的组织运行。——笔者注。

民族学与社会学学院的发展与广西民族大学的发展密不可分。广西民族大学位于广西南宁市相思湖畔，钟灵毓秀。该校创办于 1952 年，原为"中央民族学院（今中央民族大学）广西分院"；1953 年 2 月 24 日，根据中南行政委员会民族事务委员会的指示，更名为"广西省民族学院"；广西壮族自治区成立后，1958 年 6 月 7 日，经自治区政府批准，改名为"广西民族学院"（如文中使用"广西民族学院"这一名称，则为更名为此名以后以及广西民族大学 2006 年升格以前所使用的名称，下同）。广西民族学院是党和国家为遵照毛泽东同志关于"要彻底解决民族问题，完全孤立民族反动派，没有大批少数民族出身的共产主义干部是不可能的"和"一切有少数民族存在地方的地委，都应开办少数民族干部轮训班或干部培训学校"的指示，以及 1950 年政务院第 60 次政务会议批准的《培养少数民族干部试行方案》和《筹办中央民族学院试行方案》的精神，为解决国内民族问题，促进各民族共同繁荣，从广西实际情况出发，培养广西少数民族党政干部和各类专业技术人才而创办的一所新型的社会主义民族高等学府。[①] 当时，学校坚持"以培养政治干部为主，急需的专业技术干部为辅"的办学方针，根据广西少数民族和民族地区政权建设和发展生产的需要，开办各类政治、文化、专业班次，培训少数民族政治干部和初中及专业人才。

在这种历史环境下，基于政治、经济、文化、社会发展的需要，学校的民族学、人类学因其特殊的学科性质、目的、任务等，与学校及学校其他的教学和科研组织获得了同步发展的机会。民族学、人类学所属组织是专门从事民族学教学和民族文化与人类文化研究工作的单位或机构。此类机构，最早可以追溯到广西民族大学建校初期建立的承担民族工作使命的"研究室"。1953 年 7 月 17 日，根据中南民委给学校下达的对中南地区少数民族进行全面调查研究的任务，广西民族学院设立了专门的研究室。它的创建，为民族学各项工作的开展迈出了第一步。该研究室的任务为，除了编写民族问题教学参考资料、翻译苏联有关民族问题论著，提供有关民族情况，解答民族问题外，重点进行中南区少数民族成分识别的调查研

---

① 《广西民族学院院史》编辑委员会：《广西民族学院院史》，广西人民出版社 1991 年版，第 1 页。

究。1953 年 8 月至 1954 年 6 月，该研究室配合中南民族事务委员会和广西省民委，对广西境内的仫佬、毛南、傣人、黎人、苗人等十几个民族进行了调查，为我国民族识别工作作出了重要贡献。除此之外，该研究室还负责全校的政治课和文化课的教学工作。

出于民族工作的需要，同时也基于当时民族研究室所取得的成就和作出的特殊贡献，1956 年 3 月 6 日，学校从教研室抽出部分人员组建了"民族问题研究室"。该研究室直属学校领导和管理，专门负责民族调查研究以及民族问题与民族政策的教学工作。具体而言，该室的主要任务是：为广西民族学院提供教学需要的参考资料；对全省各少数民族的社会经济、政治、历史、语言、宗教信仰、风俗习惯、文化艺术等进行科学的调查研究，提供有关资料，协助本院和省直有关部门做好民族工作；发掘、收集、整理和研究民族民间文学艺术，发展有民族形式和社会主义内容的民族文化；培养民族问题研究和民族文艺工作者；收集文物。[1] "研究室第一主任由当时院党委书记、副院长韦章平同志担任，副主任苗廷秀，研究人员刘锡蕃、唐兆民、陈衣等知名前辈，稍后又增加韦琦麟、李干芬等知名人物。"[2] 民族问题研究室成立后，通过几年的调查，搜集了包括民族历史、生活、习俗、经济形态、民族语言歌谣等方面的资料，为广西民族研究提供了丰富而珍贵的文献资料。

自 20 世纪 50 年代末起，由于学校体制改革及广西民族工作的需要，民族问题研究室的部门归属和名称经历了数次变更。1958 年，民族问题研究室一度合并到学校的历史系、政治系，其大部分人员被抽调到广西少数民族社会历史调查组，其余成员被调到当时的广西省文联。1958—1959 年，民族问题研究室已无人工作。1960 年，学校在政治系成立了"民族问题与民族政策教研室"，负责全校的"民族问题与民族政策"课程的教学。1961 年，历史系又成立了民族学教研室，负责民族研究工作。1964 年 8 月，历史系停办，成立不久的民族学教研室随之撤销。

"文革"时期，广西民族学院停止招生五年，民族学的教学、科研工

① 《广西民族学院院史》编辑委员会：《广西民族学院院史》，广西人民出版社 1991 年版，第 17 页。

② 张有隽：《广西民族学院民族研究所成立 45 周年的回顾与展望》，载张有隽《张有隽人类学民族学文集》，民族出版社 2011 年版，第 58 页。

作受到了严重破坏。作为全国 10 所民族院校当中幸存的两所之一，广西民族学院在艰难的条件下仍坚持办学。1971 年，"民族问题与民族政策教研室"改名为"民族理论与民族政策教研室"。同年，广西民族学院招收工农兵学员 39 人。这个时期，除了培养本专科生和培训干部外，学校还派教师到民族地区办学，开办教师培训班、函授班等，主要"培养具有较高斗争觉悟、爱农村、扎根农村，能为占领农村社会主义文化阵地，贡献力量的业余写作人员"。

"文革"以前，广西民族学院成立了民族研究室、民族问题研究室等，主要承担民族识别、民族资料汇编、教师培训、少数民族干部培训等任务；"文革"中，由于受到"左"的影响，实行文科"以战斗任务组织教学"，理科"结合典型产品进行教学"，打乱了学科体系，各教研室（组）随之被解体；"文革"结束后，各教研室（组）又陆续恢复，经整顿成立新的教研室。例如，1977 年 7 月，学校将"民族理论与民族政策教研室"从政治系分出并恢复重建，改名为"民族问题教研室"，重新直属学校领导。总的来说，改革开放以前，学校的民族学所属组织机构经历了"成立—解体—恢复"或"建立与发展—受阻与停滞—恢复与发展"的曲折道路。20 世纪 50 年代至 70 年代末，"民族研究室的任务比较简单，除负担全院'民族理论和民族政策'课教学外，主要从事少数民族社会历史调查、民族识别调查。当时由于客观条件的限制，公开发表的科研成果不多。但这一时期培养和储备了人才，积累了经验和资料。"[①] 学校的老一辈民族研究工作者，大多也是在这时成长起来的。

20 世纪 80 年代初期，随着我国改革开放和现代化事业的推进，广西民族学院民族学、人类学步入快速发展时期，该学科在人才培养、教学、科研等方面取得了斐然的成绩。1980 年国务院颁布《中华人民共和国学位条例》，标志着我国学位制度正式建立。1981 年国务院批准实施《中华人民共和国学位条例暂行办法》，进一步为我国培养和选拔高层次专门人才提供了重要依据，我国本科生和研究生培养走向制度化、科学化。1981

---

① 张有隽：《广西民族学院民族研究所成立 45 周年的回顾与展望》，载张有隽《张有隽人类学民族学文集》，民族出版社 2011 年版，第 59 页。

年国务委员会、教育部发布了《关于做好迎接本科毕业生授予学士学位准备工作的通知》。根据该文件的精神，广西民族学院第一批学士学位授予学位工作从1982年拉开序幕，至1983年底结束。为了适应民族地区社会主义现代化建设对各类人才的需要，为民族地区党政机关培养行政管理干部和从事少数民族工作的专门人才，1984年8月27日，自治区党委统战部批准"民族问题研究室"升格为"民族研究所"，以提升该组织机构的教学科研能力。时隔四年，经广西壮族自治区人民政府批准，1988年秋，民族研究所开办了民族理论和民族学两个专业大专班，学制二年，当年招生共30人，迎来了民族学的第一批学生。此时，民族研究所师资队伍依然薄弱，优秀科研成果缺乏，人才培养类型单一，人才培养层次较低。

随着改革开放的深入和社会主义市场经济体制改革，社会经济等领域对人才的要求越来越高，高校必须转变教育观念，提升办学层次，培养满足经济社会发展需要的高级专门人才。为了充实民族研究所的整体实力，1994年7月5日，广西民族学院将民族心理研究所划属民族研究所。1995年4月14日和1996年1月5日，又分别成立了人类学研究所和东南亚研究所，二者都挂靠民族研究所，实行"三块牌子，一套人马"，进一步壮大了民族研究所的整体实力。1995年秋，民族研究所开始设立民族学本科班，当年正式招收本科生20人，并与云南大学联合培养硕士研究生。民族学在办学层次上，迈出了一大步。随着教学、科研水平的不断提高，1995年12月30日，民族学获广西壮族自治区人民政府批准为自治区重点学科（全区17个）。

1997年11月，民族研究所和人类学研究所合并为"民族学人类学研究所"[1]，张有隽教授担任第一任所长，东南亚研究所依然挂靠民族学人类学研究所，而民族心理研究室以及该所的资料室于1999年分别调整到学校的社会科学部和图书馆。1998年6月，民族学获国务院学位委员会

---

① 20世纪90年代，在改革开放新时代，良好的社会氛围和学术环境为学者们的学术交流提供了条件，学者们就学术领域一些尚未解决的问题积极展开研讨、商榷和交流。民族学学科定位问题也是民族学界和人类学学界极为关心且有争辩的话题。当时，民族学学科定位并不明确，为了更好地建设民族学人才培养机构，当时两所采取了折中的方式，选择以"民族学人类学研究所"为名。——笔者注。

批准为硕士点，并于1999年开始招收、培养学术型硕士研究生。该硕士点是广西民族学院首批两个硕士点之一。至此，民族学建立了"专科—本科—研究生"三个层次的人才培养体系。

为了优化配置教育资源，提升学校的办学能力，2003年7月22日，广西民族学院以民族学人类学研究所为主体，整合社会科学部的社会学、社会工作专业和政法系的历史学专业以及教育学心理学教研室，重新组建了"民族学与社会学学院"。目前，该学院有全日制在校学生253人，其中本科生148人、硕士研究生105人；[①] 拥有民族学、历史学、社会学、社会工作4个本科专业（应用心理学专业于2011年9月调整到教育科学学院）；拥有民族学、历史学等2个一级学科硕士点，民族学、中国少数民族史、马克思主义民族理论与政策、中国少数民族经济、中国少数民族艺术、社会学等6个二级学科专业硕士点，以及民族学博士点建设学科；壮学研究中心和瑶学研究中心为广西壮族自治区人文社科重点研究基地，学院是中山大学历史人类学博士后流动站科研基地，是中国社会科学院边疆史地研究中心外设工作站（工作站与地方政府部门合作，在广西境内设立了16个田野调查实践基地）；学院设有9个教研室，中央与地方共建高校特色优势学科实验室"民族影视与传统工艺实验室"等4个专业实验室和1个民族博物馆，专业资料室1个，国家级精品课程1门（马克思主义民族理论与民族政策课程），教育部特色专业建设点1个（民族学专业）。

相较过去的民族研究室、民族问题研究室、民族理论与民族政策教研室、民族学人类学研究所等组织机构来说，民族学与社会学学院具有以下两个显著特点：（1）学院由多个学科专业、学位点、研究机构、实验基地等构成，其结构更加复杂；（2）过去民族学所属的教研室、研究所等功能较单一，如民族识别、少数民族政治干部培养等，如今的学院具有人才培养、科学研究、社会服务和文化传承创新等功能。

回眸历史，民族学及其所属组织发展到今天，历经了几个重要的拐点：1956年广西民族学院成立"民族问题研究室"；1984年成立"民族研究所"；1997年组建为"民族学人类学研究所"；2003年组建"民族学

---

① 参见《广西民族大学民族学学科建设自评报告》（2010年10月29日）。

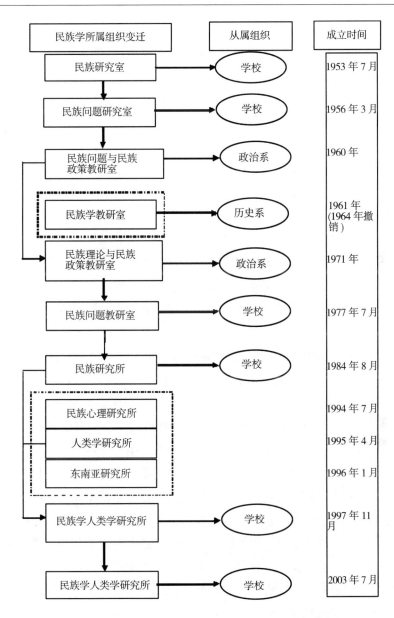

图2-1 广西民族大学民族学学科所属组织变革的历程

与社会学学院"（见图2-1）。每一个"拐点"的出现，都是广西民族大学的一种历史选择，同时它也反映了不同历史时期的社会变化及其对民族学专业人才需求的变化。

二　选择民族学作研究个案的缘由

（一）民族学学科的研究生教育是一种典型的学术型研究生教育

学术型研究生教育以培养学术研究型人才及后备人才为主要任务，以培养科学家、学者、高校教师等为主要人才培养目标。广西民族大学的民族学学科十分注重培养研究生的学术素养，该学科积极为研究生搭建学术平台，强调研究生在读期间必须系统研读经典教材，精读经典著作，参加学术会议，开展实地调研，做专题学术报告，发表学术论文。例如，该学科为研究生搭建优质学科平台，不断优化学科结构，提供学术演讲、田野调查、科研课题、学术报告等学术科研的演练平台，以系统培育研究生理论素养、方法素养、独立探究问题等综合素养，遵循了学术型研究生培养规律和高层次人才成长规律，体现了学术型研究生培养的本质特征。

（二）民族学学科是广西民族大学研究生培养模式创新的典范

学科是研究生教育的基础，高层次人才的培养离不开学科平台的搭建，离不开学科建设和发展。广西民族大学民族学学科在发展的过程中，创造了"多个一"：该校第一批硕士学位授权点之一，一级学科硕士点以及该校第一个博士点建设学科之一；民族学教学团队获得学校第一个国家级教学团队称号；民族学是广西重点学科、国家第三批高等学校特色专业建设点。民族学学科下设的二级学科硕士点齐备，包括民族学、中国少数民族经济、中国少数民族艺术、中国少数民族史、马克思主义民族理论与政策 5 个二级学科硕士点，以及还有社会学二级学科和专门史一级学科 2 个支撑学科硕士点。另外，该学科拥有一支实力雄厚、研究特色鲜明、在国内外有一定影响力的师资队伍。民族学优质的学科平台为学术型研究生教育提供了坚实的基础。

该学科坚持以学科建设和研究生教育"互为依托、相互促进和相互发展"。学校以学科建设为平台，不断优化民族学学科结构，提升其办学层次和水平。与此同时，该学科在发展研究生教育的同时，充分利用研究生教育发展带来的契机和提供的优势资源，不断优化学科结构和拓展学科功能。

该学科积极探索多种研究生教学形式、指导方式、管理方式。例如，在学术能力培养方面，民族学是广西民族大学第一个组织研究生与本科生一起开展年度"理论与实践学术研讨会"的学科；在教学形式方面，民族学教学团队采取"多人上一课，一人备多课"的教学模式，拓展研究生的学术视野，发展学术思维；在质量控制方面，全校第一个采取预答辩的形式帮助研究生完善硕士论文，提高硕士论文答辩通过率等。这些举措已在全校得到推广，逐渐制度化和规范化，有力地推动了学校研究生教育的改革与发展。

（三）民族学学科的高层次人才培养模式具有借鉴和推广价值

作为我国民族学的一个子系统，广西民族大学民族学是我国民族学历史发展的一个缩影，见证了我国民族学学科建设、教学科研及其人才培养的历史变迁。该学科作为全国民族学组织系统重要力量的一支，参与了民族学在历史发展中的系列伟大工程，担负起人才培养的重任，在民族识别、少数民族社会历史调查研究、地方史志审查和编写、少数民族人才培养等领域，发挥了重要作用。因此，对广西民族大学民族学人才培养的研究，可以通过"滴水见太阳"① 的方式来反观和理解我国民族学人才培养的整体过程。近15年来，该学科在研究生教育方面取得的成就，对区内外相关学科尤其是民族学学科具有重要的借鉴意义。

---

① 张有隽：《张有隽人类学民族学文集》，民族出版社2011年版，第50页。

第三章　民族学学科研究生教育的发展状态

随着研究生总体规模逐年递升、研究生培养模式的改革，如何协调好研究生教育规模、结构、质量、效益等要素之间的关系，是研究生教育创新必须考虑的重要问题。为此，我们必须从实际出发，深入了解研究生教育的现实状况，以谋更好的发展。

一　民族学学科的研究生教育规模

民族学是法学学科门类下的一级学科，下设民族学、马克思主义民族理论与政策、中国少数民族经济、中国少数民族史、中国少数民族艺术等5个二级学科。广西民族大学自1999年开始招收硕士生以来，民族学一级学科下设的各二级学科的招生规模处于不断变化之中（见表3.1）。

研究生的规模与社会经济发展紧密相关，"生产力愈高，科学技术愈进步，社会愈发展，高等教育的数量与质量也必然随之相应地发展和提高，这种带规律性的发展趋势，可以从当代世界范围内的高等教育的增长得到证实。"[①] 民族学研究生招生数量的变化是生产力水平、经济科技以及社会对民族学人才需求状况的直接反映，也是我国高等教育大众化带来的研究生教育规模扩张的"裙带效应"的体现。随着北部湾经济圈的建设和发展以及中国—东盟战略伙伴关系的确立，中国与东盟诸国经济、文化教育的频繁互动，中国西南、华南与东南亚对高层次专门人才的需求不断提高。广西民族大学的民族学在华南与东南亚民族史、民族文化变迁、跨国民族、华人华侨等研究领域，利用地缘优势、史料优势、政策优势等，

[①]　潘懋元：《新编高等教育学》，北京师范大学出版社1994年版，第17页。

表 3.1 1999—2010 年民族学各二级学科（专业）研究生招生人数统计表

年份	民族学学科专业招生人数（单位：人）						
	民族学	马克思民族理论与民族政策	中国少数民族经济	中国少数民族史	中国少数民族艺术	合计	向上累计
1999	4	—	—	—	—	4	4
2000	6	—	—	—	—	6	10
2001	5	—	—	—	—	5	15
2002	7	—	—	—	—	7	22
2003	13	—	—	—	—	13	35
2004	18	9	—	9	—	36	71
2005	21	5	—	14	—	40	111
2006	28	8	—	12	—	48	159
2007	9	5	4	5	3	26	185
2008	8	3	8	7	4	30	215
2009	17	3	7	8	4	39	254
2010	16	4	9	7	3	39	293
合计	152	37	28	62	14	293	293

注：数据根据广西民族大学民族学与社会学学院相关资料统计。其中，2010 级民族学专业有 2 人为国际教育学院研究生；"—"表示当时还未招收硕士研究生。

逐渐形成了民族学研究特色。这为区域性和国际性人才的培养提供了得天独厚的条件。最为重要的是，广西本身作为民族地区，拥有很多的民族资源，随着区域经济、旅游经济、民族教育、民族文化的兴起和发展，需要更多民族学专门人才来服务广西的经济社会发展。这是转型期经济社会发展对复合型民族学高层次人才的必然要求，也是民族学学科建设发展、人才培养和科学研究的适应性选择和应该坚持的方向。

广西民族大学的民族学为社会培养了一批具有扎实理论基础、掌握田野调查方法等科研素养的学术型硕士研究生，他们在各自的岗位上发挥了重要作用。然而，随着社会对人才层次的需求趋于高移及人才类型的需求趋于多元化，民族学本科生已经难以满足现实需要，而科研创新能力强的博士研究生以及实践应用性强的专业硕士生成为社会对民族学人才培养的诉求。鉴于此，民族学学科为适应外部环境的变化，根据市场对人才类型和层次的需求，迅速做出反应：积极筹备民族学博士点建设；努力争取文物与博物馆专业硕士点建设和招生权；缩小本科生招生规模，扩大硕士研究生和博士研究生招生规模；提高人才培养质量和就业竞争力等。这成为未来该学院人才培养的主要方向。对此，民族学与社会学学院院长、民族学学科带头人周建新教授①从学院研究生教育发展规划出发，谈道：

　　　　在研究生教育发展上，今后我们要实现一个重要转变，就是民族学与社会学学院要从教学研究型向研究型转变。民族学是一门基础学科、传统学科，它为本科生提供就业的机会与能力有限。因此，我们要把握的一个关键是，在宏观上不再扩大规模，在数量结构上，要调整本科生、硕士生、博士生的数量结构，使研究生数量与本科生数量达到均衡，甚至研究生数量超过本科生，重点在培养质量上下工夫。这是我们今后一个总的发展方向。作为学校最具特色的学院，我们也要适应形势的发展，积极进行自我调整，努力增强服务地方和国家经济社会发展的能力。目前，国家教育部对研究生教育目标的导向，是要建立更多符合社会经济发展需要的专业硕

---

① 周建新，教授，博士生导师，时任广西民族大学民族学与社会学学院院长，民族学一级学科带头人。——笔者注。

士点，那么我们以后也将考虑扩展专业硕士，与社会联合办学，实行双导师培养制度。比如，广西要在"十二五"期间建立 100 个博物馆，我们是否能够与文化厅合作，增设文博专业硕士点，与广西文化大发展对口衔接。

二　民族学研究生教育结构

高等教育结构是指高等教育系统内各组成要素之间的比例关系和联系方式，这是一个多层次多维度的复杂的综合结构。从高等教育结构的整体出发，它既包括宏观结构体系和微观结构体系，有纵向结构体系也有横向结构体系，也还包括静态结构体系和动态结构体系，是一个宏微渗透、纵横交错、动静结合的网状结构体系。[①]

研究生教育属于高等教育的最高层次，包括硕士研究生教育和博士研究生教育。它作为高等教育的子系统，同时也有自己的结构体系，比如研究生教育的动态结构和静态结构，研究生教育的层次结构、分布结构等。由于不同发展阶段的社会对同一学科或人才的共同需求，会形成具有一定稳定性的研究生教育静态结构，比如专业结构中的基础学科专业，为任何社会所需，如数学；而由于研究生教育系统外部环境或条件的变化，研究生教育结构需要变革和调整，就会形成研究生教育动态结构，如学术型研究生与应用型研究生的比例关系、硕士研究生和博士研究生的比例关系、在职研究生和脱产研究生比例关系等都属于研究生教育的动态结构范畴。前面我们探讨了民族学研究生招生数量结构的变化，这里主要探讨民族学的学科专业结构、课程结构等。

（一）学科专业结构

学科专业结构是大学人才培养的基本组织架构。现代大学几乎都是在具体的学科门类下设置专业和课程，再根据不同的专业性质确定人才培养的目标和方式。个案学校拥有民族学一级学科硕士点，以及《授予博士、

---

① 潘懋元、王伟廉主编：《高等教育学》，福建教育出版社 1995 年版，第 65—66 页。

硕士学位和培养研究生的学科、专业目录》①（简称《学科、专业目录》）中民族学下的全部二级学科硕士点，形成了比较完善的学科专业结构体系。

随着学科的不断交叉、分化和融合，民族学与经济学、文化学、教育学、艺术学、社会学、历史学、政策学等形成了民族经济学、民族教育学、文化人类学、民族社会学等交叉学科，进一步完善了民族学学科专业结构。例如，民族教育学作为目录外自主设置的二级学科于 2012 年获得硕士学位授予权。

（二）课程结构

1. 研究生课程结构变迁

自 1999 年招收培养硕士研究生以来，民族学各学科专业为研究生开设的课程，无论在数量上，抑或结构上，都不是固化不变的。这些课程随着经济社会发展、学科建设、师资队伍、研究领域等的变化而进行不断改革和调整。以 1999 级到 2009 级的课程体系为例，可概览民族学课程体系变化的大致轮廓（参见表 3.2）。

表 3.2　　　　　　　　民族学学科历年开设研究生课程情况

年级/专业	公共课	专业必修课、选修课、补修课
1999 级	科学社会主义理论与实践、英语	民族学通论、瑶语、越语、国际音标、美学文艺学方法论、侗台语概论、宗教学原理、汉族风俗文化史、计算机应用、专业英语等。

① 《授予博士、硕士学位和培养研究生的学科、专业目录》（简称《学科、专业目录》），是国务院学位委员会学科评议组审核授予学位的学科、专业范围划分的依据。同时，学位授予单位按本目录中各学科、专业所归属的学科门类，授予相应的学位。培养研究生的高等学校和科研机构以及各有关主管部门，可以参照本目录制订培养研究生的规划，进行招生和培养工作。1990年 10 月，国务院学位委员会和国家教育委员会联合下发《学科、专业目录》（1990 年颁布）。后经过多次征求意见、反复论证修订，国务院学位委员会和国家教育委员会又于 1997 年 6 月联合下发《学科、专业目录》（1997 年颁布）。本目录是在此基础上，经 1998 年 10 月和 2005 年 12 月两次补充修订而成。2011 年颁布最新修订《学科、专业目录》，新增"艺术学"为一级学科。

年级/专业	公共课	专业必修课、选修课、补修课
2000 级	科学社会主义理论与实践、英语	民族经济方向：专业英语、第二外语（越语）、文化变迁与调适、民族经济学、婚姻与亲属； 瑶族的历史和文化：瑶族语言文学、中国民族史、文化调适与变迁、医药人类学； 文化人类学：民俗文化学、汉民族史、宗教学原理、环境文化学（72 课时）、人类学原著导读（36 课时）； 民族地区行政管理：民族区域行政管理、政策学原理、中国民族政策史鉴、行政领导管理理论与实践、中国民族政策通论、行政监督理论与实践； 少数民族科技史：科技通史、少数民族科技史、科技考古研究方法、传统工艺（36 课时）、文献检索（36 课时）、人类学与地方社会； 民族经济：中国农业经济史、民族经济学、婚姻与亲属等。
2001 级	科学社会主义理论与实践、基础英语、马克思主义经典著作选读	民族经济学：民族学通论、计算机应用基础、二外（越语）、马克思主义经典著作选读、中国各民族历史与文化、语言学与国际音标、文化变迁与调适、民族学原著导读、东南亚民族历史与文化、经济人类学、应用人类学、人地关系（36 课时）； 壮傣各民族与东南亚相关民族：越语、语言学与国际音标、中国各民族历史与文化、民族学原著导读、壮侗语民族历史与文化、东南亚民族历史与文化、越南民族学著作选读、傣族史（36 课时）、性别研究（36 课时）、中西文化思想比较（36 课时）； 民族问题与宗教问题：越语、语言学与国际音标、中国各民族历史与文化、民族学原著导读、民族政策通论、宗教人类学、经济人类学、国外民族政策； 文化人类学：越语、语言学与国际音标、民族学原著导读、人类学史、社会调查理论与方法、民俗文化学（36 课时）、宗教学概论（40 课时）、汉民族史、中国社会结构（72 课时）、中西文化思想比较（36 课时）、人类学理论与方法（72 课时）、环境文化学（72 课时）等。

年级/专业	公共课	专业必修课、选修课、补修课
2002 级	马克思主义经典著作选读、科学社会主义理论与实践、基础英语	跨国民族、广西与东南亚相关民族、民族法学、民族经济、文化人类学：民族学概论（72 课时）；中国农业史、东南亚民族历史与文化、中国民族政策通论（72 课时）、地缘政治与国际关系、多媒体技术； 文化人类学：汉民族史（72 课时）、人类学史（72 课时）、民俗文化学（54 课时）、民族学人类学原著导读（72 课时）、人类学理论与方法（72 课时）、田野调查理论与方法（54 课时）、汉民族的人类学分析（72 课时）、宗教学概论、汉民族风俗史、环境文化学、听力； 民族经济：人类学理论与方法、高等数学、壮语与国际音标、瑶语与国际音标、社会统计学（36 课时）、经济人类学（72 课时）、民族学人类学原著导读（72 课时）、多媒体技术（36 课时）、中国经济史（72 课时）、当代经济学（72 课时）、中国各民族与历史文化、应用人类学、越语、文化变迁与调适（36 课时）、发展人类学（36 课时）、反贫困研究（36 课时）、二外（越语）、壮语与国际音标、专业英语、发展人类学（36 课时）、现当代经济问题与研究（36 课时）、民族经济学（72 课时）、听力； 广西与东南亚相关民族：中国各民族与历史文化（72 课时，顾有识）、壮侗语族与东南亚、民族学人类学原著导读（72 课时）、多媒体技术（36 课时）； 跨国民族：中国各民族与历史文化、民族学人类学原著导读、中国各民族历史与文化、多媒体技术、越语、跨国民族问题研究（54 课时）、二外（越语）、壮语与国际音标、专业英语、文化变迁与调适、周边国家概况（54 课时）、东南亚民族历史与文化、族群关系研究（36 课时）； 民族法制：中国各民族与历史文化、民族学人类学原著导读、中国各民族历史与文化、多媒体技术、中外民族政策比较（56 课时）、法理学（54 课时）、专业英语、民族法学概论（72 课时）、少数民族习惯法（36 课时）； 壮傣各民族与东南亚相关民族：语言学与国际音标、专业英语、中国农业史（36）、宗教学概论等。

续表

年级/专业	公共课	专业必修课、选修课、补修课
2003级	马克思主义经典著作选读、科学社会主义理论与实践、基础英语	民族学：人类学史（72课时）、社会调查理论与方法（72课时）、民族学通论（72课时）； 壮侗语族诸民族与东南亚相关民族：泰语、民族学通论、人类学调查方法（36课时）、民族学人类学原著导读、民族学概论（72课时）、口语、宗教学、泰语阅读、壮侗语族诸民族历史与文化、基础泰语、视听说、应用人类学（40课时）； 华南与东南亚民族文化变迁：文化变迁与调适（40课时）、中国民族史（72课时）、苗瑶语族民族历史与文化（72课时）； 华南少数民族经济史：人类学理论与方法（36课时）、华南少数民族经济发展史（72课时）、民族文化学（34课时）、经济人类学、民族学人类学原著导读； 少数民族科技史：人类学理论与方法（72课时）、文献检索（36课时）、科技通史（40课时）、民族学通论； 民族经济：人类学理论与方法（72课时）、社会统计学（36课时）、专业英语（54课时）、经济人类学、民族学人类学原著导读、听力、口语； 文化人类学：民族学人类学原著导读、宗教学概论（54课时）、国际音标（36课时）、专业英语、中国历史与考古（36课时）、侗族科技与文化（40课时）、人类学方法论、汉民族史、民族文化学等。
2004—2005学年第一学期	科学社会主义理论与实践、基础英语	华南民族古籍选读（36课时）、中国少数民族文化通论（72课时）、民族社会学（36课时）、东南亚民族历史与文化（40课时）、专业英语（36课时）、国际音标、中国经济史（72课时）、文化变迁与调适； 民族经济：高等数学、当代经济学、发展人类学、中国经济史、国际音标； 科技史：中国南方民族科技史（40课时）、科技史研究方法（40课时）、科学技术思想史、中国文化概论、计算机应用基础、基础英语、科学社会主义理论与实践、自然科学基础、文献检索与科技档案、教育技术史（教育技术史方向）；

续表

年级/专业	公共课	专业必修课、选修课、补修课
2004—2005学年第一学期	科学社会主义理论与实践、基础英语	文化人类学：汉民族人类学分析、宗教学概论、民族学人类学导读、国际音标、文化变迁与调适、泰语、中国文化概论（36课时）、宗教学概论（36课时）、专业英语； 民族史：中国民族史（72课时）、民族理论政策（54课时）、基础英语、英语听说、科学社会主义理论与政策等。
2004—2005学年第二学期	基础英语、马克思主义经典著作选读	民族学：地理人类学、东南亚各民族历史与文化、民族学人类学原著导读、地理学、女性人类学、考古人类学、瑶族历史与文化、民族经济学； 科学技术史：基础英语、英语听力、西方哲学史、文化人类学通论、民族学概论、世界经济发展史、人工智能与教育、中国南方与东南亚科技文化、科学社会学、外国教育技术文献选读、多媒体技术、科技人类学、科技发展与技术创新、东南亚文化史、科学文化与写作、铜鼓文化、自然辩证法、科技文化、经济学概论、企业管理概论； 文化人类学方向：环境文化学、人类学与中国社会研究、汉民族风俗史； 民族学、民族经济、马克思主义民族理论与政策、中国少数民族史：经济人类学、发展经济学、民族经济学、区域经济学、周边国家概况、东南亚各民族历史与文化、瑶族历史与文化、民族法学概论、民族学人类学原著导读、民族区域自治制度、当代经济学、发展人类学、中国共产党的民族政策、考古人类学、汉族史、华南民族古籍选读、女性人类学、壮侗语族诸民族历史与文化等。
2005—2006学年第一学期		2004民族学：汉语（古文）（阮氏美珠，72课时）、人类学史（72课时）、少数民族习惯法、人类学史、人类学田野调查方法、专业英语、文化变迁与调适、中国民族史、人类学与中国社会等。

年级/专业	公共课	专业必修课、选修课、补修课
2005—2008级民族学专业	马克思主义经典著作选读、科学社会主义理论与实践、基础英语	2005—2008级民族学研究生课程： 必修课程：民族学通论、中国民族史、民族理论与政策、民族学人类学原著导读、民族学人类学理论方法、东南亚民族历史与文化； 选修课程：文化变迁与调适、华南民族古籍选读、专业英语、语言学与国际音标、应用人类学、民族学田野调查、经济人类学、影视人类学、第二外语。
2005—2008级马克思主义民族理论与政策专业	马克思主义经典著作选读、科学社会主义理论与实践、基础英语	必修课程：民族学通论、中国民族史、民族理论与政策、民族问题基本理论、民族政策科学导论、民族法制概论； 选修课程：马克思主义民族问题经典著作选读、民族政治学、民族区域自治法、民族、国家与国际社会、民族意识与国家安全、民族伦理学、中国民族政策史、中外民族政策比较、专业英语等专业限定选修课，以及第二外语、民族心理学、民族关系预警与调控机制、中国民族自治地方立法、少数民族习惯法、科学发展的马克思主义民族观、国际国内民族热点问题研究等专业任意选修课。
2007—2008级中国少数民族经济专业	马克思主义经典著作选读、科学社会主义理论与实践、基础英语	人类学通论、人类学理论与方法、民族学原著导读、经济人类学、发展人类学、宗教与经济；区域经济与文化、旅游人类学、民俗与经济；中国经济史、文化变迁与调适、中西经济思想比较、中国民族经济史、第二外语；民族理论与民族政策、中国民族史； 2008级新开课程：乡村人类学、中国少数民族经济历史与现状、文化与经济、应用人类学。
2005—2008级中国少数民族史专业	马克思主义经典著作选读、科学社会主义理论与实践、基础英语	民族学通论、中国民族史、民族理论与政策、民族学人类学原著导读、民族学人类学理论方法、壮侗苗瑶语民族历史与文化、中国少数民族文化通论、东南亚民族历史与文化、专业英语、华南民族古籍选读、应用人类学、东南亚近现代社会变迁史、中国西南与东南亚民族关系史、语言学与国际音标、第二外语。

续表

年级/专业	公共课	专业必修课、选修课、补修课
2007—2008级中国少数民族艺术专业	马克思主义经典著作选读、科学社会主义理论与实践、基础英语	民族学通论、中国民族史、民族理论与政策、壮侗与苗瑶语族历史与文化、中国少数民族艺术概论、东南亚民族历史与文化、专业英语；艺术人类学、西南民族工艺美术、苗瑶语族艺术、语言学与国际音标、第二外国语、计算机应用基础、壮侗语族艺术、东南亚民族艺术概论、民族艺术美学。
2009级	马克思主义经典著作选读、科学社会主义理论与实践、基础英语	各专业学位课程：民族学通论、中国民族史、民族理论与政策、民族学人类学原著导读、民族学与社会研究综合课、田野调查方法； 各专业补修课程：中国民族志、世界民族志、民俗学、人类学史、教育研究方法、考古学通论等。 民族学：跨国民族及其问题研究、汉民族研究、民族教育理论研究（民族教育与经济方向学位课）、地缘政治与国际关系、民族法学、族群与族群关系、中国南方与东南亚民族关系、中国传统文化艺术史、民族教育问题研究等专业必修课程或选修课程； 马克思主义民族理论与政策：民族问题基本理论、民族政策科学导论、民族法制概论、民族意识与国家安全、中外民族政策比较、中国民族政策史、第二外语； 中国少数民族经济：人类学研究案例（学位课）、旅游人类学、应用人类学、乡村人类学、经济人类学、文化与经济；中国少数民族文化通论、中西经济思想比较、中国经济史、第二外语； 中国少数民族史：中国少数民族文化通论（学位课）、东南亚历史与文化、壮族历史与文化、瑶族历史与文化、中国民族关系史、华南民族古籍选读、民族经济学； 中国少数民族艺术：中国少数民族艺术研究专题、艺术人类学、华南与东南亚民族文化艺术研究专题、民族艺术美学、中国传统文化艺术史、苗瑶语族历史与文化、中国少数民族文化通论。

2. 研究生课程的基本结构

个案学校民族学学科的研究生课程由学位课程和非学位课程组成，其中学位课分为思想政治理论课、第一外国语、专业课、方法课等 4 部分，非学位课程分为选修课和补修课等 2 部分。从历年的课程设置看，民族学5 个二级学科所开设公共课都相同，即科学社会主义理论与实践、马克思主义经典著作选读、基础英语（一）、基础英语（二）等。

在学位课程中，一些主要的专业理论与方法课是每个学科专业的研究生必修课程，例如：民族学通论、中国民族史、民族理论与政策、民族学人类学原著导读、民族学与社会研究综合课、田野调查方法等课程；而部分课程只针对本专业不同研究方向的研究生开设，例如：民族学专业为族群关系方向的研究生开设的学位课程为"跨国民族及其问题研究"，为民族教育与经济方向研究生开设的学位课程为"民族教育理论研究"，为民族法学方向研究生开设的学位课程为"民族法学"等。当然，这些需要被列为不同研究方向研究生的学位课中的课程，其前提是，这些课程是该研究方向必须掌握的理论或方法课程。

在选修课中，主要是根据不同研究方向的研究生特点设置符合研究领域需要的课程，比如民族经济专业就为满足民族经济不同研究方向的研究生的需要，开设了应用人类学、旅游人类学、乡村人类学、经济人类学、文化与经济等选修课程。选修课除了帮助研究生学习专业领域广泛基础知识和修满学分以外，它的另一功能就是，通过丰富的跨学科知识，拓宽研究生的知识领域和学术视野。

对于跨学科考取或调剂的研究生，学院要求必须补修 2 门所学专业的主干课程，其成绩列为攻读硕士学位的终期考核，但不计学分，这些课程主要有中国民族志、世界民族志、人类学方法论等。

民族学研究生的课程无论如何设置，固然要符合民族学研究生教学规律，体现民族学学科特点。案例学校的民族学专业硕士研究生培养方案对课程的基本要求是：

　　研究生除学习所有的学位课程外，还必须学习限定选修课 5—8门。以同等学力或跨学科考入的硕士研究生，要求至少选修两门本专业本科主干课程（如中国民族志、世界民族志等），所修课程不计学分。本学科硕士研究生必须获得 36 个学分以上，方可获准毕业。学位课考核成绩平均绩点≥3. 0。

根据上述课程设置列表，可以发现，课程设置是处于变动之中的，随着学科自身发展以及经济社会对人才需求的变化而"增、删、补"。课程设置总的趋势是：随着学科专业结构的变化而不断变换，一些原来开设的课程被取消，新课程代替旧课程，课程开设由单一走向多元化，课程结构趋于完善。这些课程集中反映了社会经济发展的需要，具有鲜明的民族区域特色。例如，过去开设了西方哲学史、民族区域行政管理、政策学原理、政策通论等课程，这些课程是为培养少数民族干部的需要而设置的，而后随着政治经济的发展，这些课程先后被取缔，并被一些如旅游人类学、影视人类学等新时期社会发展所需的课程所代替。还有一个重要原因就是，科学技术史这个研究方向作为一个专业被分离到个案学校物电学院以及民族地区行政管理研究方向被融合到马克思主义民族理论与政策专业中，必然导致课程结构的调整。随着各专业硕士点建设，该校逐渐形成以民族理论与政策、民族经济、民族艺术、民族史为核心课程的课程结构体系。

3. 精品课程建设

个案学校民族和谐素质建导中心创建于 2008 年，专门负责国家级精品课程《民族理论与民族政策》公共课程的建设。该中心挂靠学校教务处，整合民族学与社会学学院及相关学院多学科教师，构成"各美其美、美人之美、美美与共"的"十二和"建导师团队。团队负责人是自治区优秀专家、广西高校教学名师龚永辉研究员，他上这门课已经有 25 年历史。他主持的课程改革与建设主要集中于现代化、生活化和本土化等相关议题。由于 20 世纪东欧剧变带来的冲击，本课程一度陷入教纲、教材、教学的重重困境。在教学内容中国化的探索过程中，龚永辉研究员出版了专著《民族意识调控说》。继而通过第二课堂主持跨学科跨世纪的创新实验，主编学习互动丛书《相思湖文龙》，树起了本课的一个创新品牌。党的十六大以后，中央确立了民族理论政策"12 条"新体系，龚永辉研究员联系广西 12 个世居民族实际，率先开出"十二和指月谈"系列讲座，随即以国家社科基金规划课题为龙头，带领团队建立了"十二和指月谈"

资源库，并整合建导学习方法和网络平台技术，打造了"一轴两翼"的课程自驭舟模式，系统推出《自驭舟彩凤》学习互动丛书，持续拓展"习演演练—情趣励合"八字图景，倡导"让和谐成为民族素质"的育人理念。课程教学团队对于这门课程的精心打造，由于特色鲜明，效果突出，受到了师生和同行的认同。中心曾获广西教学成果特等奖、自治区社科优秀成果一等奖各一项，建导师的团队被评为2010年自治区级教学团队，成为全校乃至全区精品课程建设的典范。根据我们对马克思主义民族理论与政策学科带头人、《民族理论与政策》课程教学老师龚永辉教授的访谈（感谢黄丹丹、谭密、向红、陈凤娥、陈阳等同人对访谈资料的搜集和整理），了解到一门被大家认为所谓"枯燥"的课程是如何成为一门精品课程的建设路径。访谈摘要如下：

访谈者：您主讲的《民族理论与政策》课程作为广西民族大学全校性选修课，是学校选修人数较多的选修课程。在得到学生积极参与的同时，这一课程的建设也得到了有关专家的肯定。全国思想政治类精品课程评审专家认为，这种教学模式取得了超越时空的效果，对全国同类课程教学改革，乃至"两课"改革具有示范推广意义。2007年，被评为国家级精品课程。荣誉的背后凝聚了您不懈的努力和辛勤的付出，您能给我们说说您在课堂上的创新之处吗？

龚永辉教授：2006年，我是接到《民族理论与政策》课申报国家级精品课程的任务，与此同时，我还承担了一项国家社科课题，这一下子来了两个重要任务，让我每天都忙得焦头烂额，甚至顾不上吃饭睡觉。在我那小小的书房里，书柜、书桌、地上都堆满了课题书籍和各种资料，每天就扎在那些书堆里面思考、研究，看累了，写累了，有时候就在书房的墙角里，枕着一个装满水的大可乐瓶小憩。2006年3月，我将中央新的民族政策"12条"联系广西12个民族实际，引入学生课堂，在教学过程中，通过对《"12和"指月谈》专题讲解，引起了大学生们的积极反响。这也是我校成为率先在全国将中央"12条"引入大学课堂的高等院校。课程在使用《中国民族理论新编》主教材的基础上，结合广西有12个民族的实际情况，编写了《"12和"指月谈》辅助教材，两者配合使用，取得了良好的教学效果。同时，课程组加强了教学运行模式的改革，利用现代学生心理和学生喜闻乐见的网络手段，创造了"课程自驭舟"运行模式。创造性地引入了建导理念配合网络技术对《民族理论与政策》进行实践性和研究性教学，这种教学方式已经建导出大量的自我学习和创造性学习作品，取得了出色的教学效果。在此基础上，改革了教学形式，实行课堂教学与专题拓展报告相结合的民族观教育新形式，使这门课由冷门课变成了香馍馍，深受同学们喜爱。广大学生在形式丰富的教学活动中树立起正确的民族观，促进民族团结和谐。因为《民族理论与政策》课内容丰富，形式生动，富有创新性，2007 年，该课程被评为国家级精品课程。这是广西民族大学有史以来的第一门国家精品课程。

访谈者：龚老师，理论课程给学生的感觉往往是比较枯燥、乏味的，但您却以讲授《民族理论与民族政策》课而著名，而这门课在民大又被誉为最有趣的理论课。几十年来，您一直潜心民族理论和民族政策的研究与教学，推进民族和谐素质教育，把一门普普通通的公共必修课上得妙趣横生、成果累累，成为全国精品课程。让各民族大学生接受生动深刻的民族团结素质教育，为促进民族团结、民族和谐作出了重要贡献。那么您在这方面的科研和教学中是如何注重提高学生的民族和谐素质？

龚永辉教授：我校从 1952 年就开设了《民族理论与政策》课，这门课作为公共必修课让我校的各民族学生了解党的民族理论与政策知识，为促进民族团结与民族和谐打下理论基础。但由于比较理论化、难度不高往往容易显得枯燥乏味，不易引起学生的兴趣。我来到民大工作以后，接到的第一门课就是《民族理论与政策》。因为我本身是学历史出身，当时对此毫无经验，只能摸着石头过河，自己摸索教学方法、思路，探索教学技巧。为了把这门课上好、上活，2002年，我开始把多媒体技术引入《民族理论与政策》课的教学，制作了寓知识性、趣味性、互动性于一体的课件，大大提高了教学效果，使学生们由被动学习变成了主动学习，达到了寓教于乐的效果。想方设法把枯燥无味的理论课变得气氛活跃。

访谈者：老师，您把枯燥乏味的理论课程上得如此妙趣横生，应该离不开您的学术团队，您带的研究生在其中发挥怎样的作用，您是不是也是在这个过程中逐渐培养了他们的学术和科研能力呢？

龚永辉教授：这个过程我的研究生发挥了他们的作用，同时也是在锻炼他们的学术科研能力。比如当时的培训过程，Facilitation中文译为"共识建导法"培训。"共识建导法"是一种最新的管理方法，常被运用于企业、公司的管理事务中。在运用的过程中，公司、企业高层决策者的身份是一名"建导师"，其作用就是通过"建设性引导"的方式调动大家参与到管理当中，将自己的建议表达出来。这样的管理方式，集结了大家的智慧，使团队的力量得到提高，个人的价值也得到了体现。民族理论课将"共识建导法"引入课堂在以"共识建导"为基调的课堂上，老师的身份变成了"建导师"，其授课的方式就是利用各种"共识建导法"的技巧将学生的积极性有效地调动起来，让大家参与到课堂当中，真正运用自己的知识水平、真正发挥自己的特长主动地学习。我在2005年参加清华大学的Facilitation培训后，一直以"共识建导法"来组构研究生的课堂。在上学期的民族理论课堂上他以"建导"的理念别开生面地给课程命名为"千秋聚义指月谈"，并在与众多"六千岁"学习中央"12条"之"月"的基础上共铸起崭新的民族观共识，给同学们留下了深刻的印象。

为提高教学效果，也为了使课堂更妙趣横生、更有趣，我决定强化其研究生教学团队的教学能力，对团队进行"共识建导法"培训。为此，我的研究生团队已经在科技楼406室连续两个周末进行了全天候封闭式的魔鬼性训练。在培训过程中，大家积极努力，表现出了十足的干劲。因为培训只在周末进行，时间很短，为了充分利用时间和提高效率，他们中午都不休息，十多个人在吃饭时间就捧着饭盒在会议室和过道内吃饭。那时的研究生刘相带病全程参加培训。那几天特别冷，他额头上竟冒着冷汗，但他坚持参加了试讲。许传芳则将一岁多的小孩托给别人照管，自己在学校参加培训就是一整天！培训期间，我全天候指导研究生团队。他们坚信，几个星期的培训定会使民族理论的课堂更加有趣，更加令人期待。经过学校的调整，民族理论课程将以通识选修课的形式提前开设，让同学们在大三时就能选修民族理论课，从而有充分的时间去细细品味民族理论课的美妙与乐趣。

4. 一门综合课程

为了开拓学生的发散性思维，拓宽学生科学研究的视野，个案学校民族学教学团队就课堂教学方法进行了创新，即把平时"一个老师上一门课"的教学方式改为"多人上一课，一人备多课"的教学方式。具体是把主干课程分章安排给多位教师分解备课，最后由多人共同上一门课，这门课的名称定为"民族学与社会研究综合课"。这样的好处是，由于多位教师讲课，他们讲课的风格不同、知识背景不同，多元化的授课方式和知识内容有利于学生拓展学术视野、提高研究兴趣；对于老师而言，有助于促进备课的责任心。更重要的是，对于老师上好课提出了更高的要求，也是加强团队内涵建设的重要手段之一。对于这门综合课，民族学与社会学学院院长颇有感触地谈道："在教学形式方面，民族学教学团队采取'多人上一课，一人备多课'的教学模式，取得了很好的效果，使得学生接受知识的面更宽，信息量更大。"

5. 一门隐性课程

个案学校民族学科在加强专业理论教学的同时，还想方设法提高学生的实践能力。民族学把田野调查工作作为一项重要的教学内容列入教学计划当中，要求所有民族学学科的研究生学习田野调查方法课，毕业论文写作阶段保证至少45天或3个月的田野调查任务量。学科所在学院在广西境内设立了16个田野调查实习基地，加强了教学与实践的相结合。对于研究生完成的田野调查报告结集出版。这对培养研究生的学习兴趣、科学探究精神，以及提高实践能力，起到了积极的作用。关于田野调查，将在第六章进行详细论述，在此不予赘述。

三　民族学研究生教育质量

研究生教育质量是指研究生教育系统所提供的服务满足社会需要的程度，以及所培养的人才是否达到学历、学位的标准和要求。研究生教育质量既是一所学校人才培养质量的标志，也是学校科学研究水平和创新能力的标志。① 研究生教育质量评价标准没有统一性，可通过研究生课程学习、课题申报、科研成果、学位论文通过率、毕业生就业等多维评价指标来综合反映。近年来，个案学校研究生在科研、论文发表、就业及学位论文质量方面都位列前茅，民族学研究生教育质量逐年提高。

（一）研究生科研成果

1. 发表论文情况

学术型研究生以研究性学习为主，除了学习学科理论、方法等知识以外，通常需要在在学校期间发表 1—2 篇学术论文，以检验自己对本学科知识的掌握程度，并以此提升自己的学术水平和科研素养。个案学校除了在评定年度优秀研究生或各种评优活动中，需要研究生递交论文等学术研究成果外，对学术型研究生是否需要在学期间定量发表 1 篇或几篇学术论文才能拿到学位证等此类要求并未作出硬性规定。不过，民族学的研究生在论文发表的数量与质量上，表现良好。

2. 课题申请情况

教育部在颁布的《关于实施研究生教育创新计划加强研究生创新能力培养进一步提高培养质量的若干意见》（教研［2005］1 号）中指出："国务院批转教育部《2003—2007 年教育振兴行动计划》中提出要'实施研究生教育创新计划'。实施研究生教育创新计划的目的，是要深入探索新形势下研究生教育规律，更新观念，深化改革，推进创新，建立与社会主义市场经济体制相适应的研究生教育体制和运行机制；加强研究生培养基地建设，改善培养条件，促进优质资源共享；建立研究生科研创新激励机制，营造创新氛围，强化创新意识、创新精神和创新能力的培养；努力使我国研究生培养质量和研究生教育的整体水平接近或达到发达国家水平，为实施科教兴国战略和人才强国战略奠定坚实的人才基础。"该计划在广西和个案学校得到有效实施，为研究生的学术科研提供了扶持条件和重要支撑。民族学研究生申请的课题主要来自"广西研究生教育创新计划区级课题项目"以及"广西民族大学研究生教育创新计划校级课题项

---

① 杨颉、陈学飞：《研究生教育质量：内涵与探索》，上海交通大学出版社 2007 年版，第65 页。

目"。

　　个案学校民族学及各二级学科、专业 2007—2011 年间，获得广西全区硕士研究生创新项目共 15 项，支助金额为 7.2 万元，获得广西民族大学研究生教育创新计划项目共 50 项，获得支助金额 10 万元，合计获得研究生创新项目共 66 项，支助总额达到 17.65 万元（详见表 3.3—表 3.5）。从广西民族大学民族学学科研究生申请课题的结果来看，课题选题的实践性与应用性较强，主要以田野调查为基础，对个案进行调查研究。这为研究生参与科学研究提供了重要的科研基础。

表 3.3　　　　　广西民族大学民族学各二级学科专业硕士研究生
获得区级、校级创新课题情况统计表

	2007 年	2008 年	2009 年	2010 年	2011 年	合计
全校获得区级创新项目（项）	20	35	35	35	35	160
民族学（项）	3	2	4	4	2	15
比例（%）	15.0	5.7	11.4	11.4	5.7	9.4
校级创新课题项目项数（项）	63	91	100	101	100	455
民族学（项）	11	12	8	10	9	50
比例（%）	17.5	13.2	8.0	9.9	9.0	11.0

民族学研究生获区级、校级创新课题总项数占全校的比例：$65/615 \times 100\% \approx 10.6\%$

表 3.4　广西民族大学民族学 2007—2011 年研究生教育创新计划项目立项汇总表

序号	编码	年级	专业	项目名称
1	LYY	2006 级	民族学	村寨空间布局与结构：以广西三江县某一侗族村寨为案例分析
2	MZW	2005 级	中国少数民族史	从历史人类学角度看职业教育与百裤瑶生存发展的关系
3	ZLQ	2006 级	民族学	社会人类学视野下的村际冲突：以钦州市三个村落为例
4	HJF	2005 级	中国少数民族史	瑶族宗教仪式画的研究

续表

序号	编码	年级	专业	项目名称
5	YH	2005 级	民族学	华江瑶族经济腾飞成因探索
6	HHY	2005 级	中国少数民族史	从石牌制到村民自治：六巷花篮瑶石牌制的嬗变
7	ZJJ	2005 级	中国少数民族史	广西布傣人的人生礼仪与秩序建构、族群认同：以龙州县金龙为例
8	ML	2005 级	民族学	广西靖西壮族民间仪式剪纸艺术
9	LJH	2005 级	民族学	家法族规中财产继承的性别差异研究
10	HWJ	2006 级	马克思主义民族理论与政策	金秀瑶族自治县单行条例立法研究
11	LHX	2005 级	马克思主义民族理论与政策	导向民族和谐的马克思主义民族观培育研究：聚焦广西民族大学 55 年历史的相关过程
12	GXS	2006 级	中国少数民族史	白裤瑶厕所发展的历史与现状研究——以广西南丹县里湖瑶族乡怀里村为例
13	JT	2006 级	中国少数民族史	嬗变与传承——从广南乡村礼堂的历史片断看村落共同体的延续
14	ZHF	2006 级	中国少数民族经济	盘瑶婚礼消费与妇女权力——广西金秀瑶族自治县三角乡小冲屯盘瑶婚礼消费特例研究
15	KSJ	2006 级	民族学	沿边族群关系研究——以中越边境宁明县爱店镇堪爱村为例
16	YJ	2006 级	中国少数民族史	在双语教学中探索双语人才培养模式——对广西龙胜潘内小学的个案分析
17	CZG	2006 级	民族学	和谐农村建设与传统节日嬗变、文化重构的研究——以广西马安庄为例
18	HPY	2006 级	马克思主义理论民族理论与政策	民族的"自组织"探索

序号	编码	年级	专业	项目名称
19	HLJ	2006 级	民族学	跨境侬人历史文化特征和社会变迁
20	ZHH	2006 级	中国少数民族史	壮剧新师的生活史：一位民间艺人的人生启示
21	JW	2006 级	民族学	"边缘化族群"的认同研究——以广西防城港企沙镇华侨村为例
22	YYH	2006 级	民族学	现代国家话语下的族群认同变迁研究
23	PJG	2007 级	马克思主义民族理论与政策	边境农村扶贫政策分析——以云南麻栗县、富宁县为例
24	WTT	2007 级	民族学	禾中之鱼：侗族传统生计中的生态适应——以三江县晒江为例
25	ZCJ	2007 级	中国少数民族史	晚清少数民族乡绅对广西地方社会的贡献——以武缘乡贤韦丰华为例
26	MJY	2007 级	马克思主义民族理论与政策	广西田林县平山村木柄瑶铜鼓舞传承研究
27	CX	2007 级	中国少数民族艺术	广西南丹白裤瑶牛角号艺术研究
28	LYY	2007 级	中国少数民族艺术	侗族鼓楼艺术研究——以三江林溪乡平岩村鼓楼为例
29	LML	2007 级	民族学	仫佬族依饭节的建构——以广西罗城中石村大银屯为例
30	OXZ	2007 级	中国少数民族经济	广西边境村落边贸经济发展研究——以坤隆屯为个案
31	LYX	2008 级	马克思主义民族理论与政策	边境瑶族地区"脱贫"中的官方与民间认同——基于那坡县平孟乡个案调查

序号	编码	年级	专业	项目名称
32	LZY	2008 级	民族学	广西金秀茶山瑶治盗习俗研究
33	SXL	2008 级	民族学	族际通婚与文化融合——以广西龙胜泗水乡里排壮寨为例
34	WJL	2008 级	民族学	瑶族归侨的生计变迁与文化适应——以十万山华侨林场为例
35	ZHS	2008 级	民族学	侗族村寨治理法文化研究：从款约到现代村规民约——以广西三江侗族自治县独峒乡岜团村为例
36	ZYH	2008 级	马克思主义民族理论与政策	建国初期金秀大瑶山瑶族婚俗的变迁
37	SYJ	2008 级	中国少数民族经济	信仰、财富与乡土秩序的重构——以广西东兴市江平镇江龙村京族人为例
38	WJJ	2008 级	中国少数民族经济	生态农业与乡村科技研究——以广西恭城瑶族自治县桥村为例
39	XJJ	2008 级	中国少数民族史	中越边境瑶族农村基础教育发展研究——以云南省河口瑶山乡梁子村为例
40	HC	2008 级	中国少数民族史	壮族花米饭的历史文化解读
41	MKK	2008 级	中国少数民族艺术	侗族风雨桥建筑艺术研究——以三江独峒岜团风雨桥为例
42	LY	2009 级	中国少数民族史	壮族蕉文化探析
43	SWJ	2009 级	中国少数民族史	壮族鸡卜研究——以广西田林县旺吉村为个案
44	WM	2009 级	中国少数民族经济	"借"猪——广西防城大阪瑶人婚嫁中的互惠行为研究

序号	编码	年级	专业	项目名称
45	YDL	2009 级	马克思主义民族理论与政策	隆林德峨民族文化建设考察——关于"民族意识调控"理论的拓展研究
46	XJ	2009 级	中国少数民族艺术	广西壮族天琴文化研究——以龙州县金龙镇为例
47	YS	2010 级	中国少数民族史	白裤瑶铜鼓的祭礼文化研究——以南丹县里湖瑶族乡里村为例
48	NHH	2009 级	民族学	民族贫困地区寄宿生适应性研究——以广西大化北景乡弄冠小学为例
49	LZY	2009 级	中国少数民族史	红瑶服饰挑花技艺——以广西桂林市龙胜县黄洛村为例
50	LRY	2010 级	民族学	多重边缘中的守望者——隆林佬佤佬的学校教育民族志探究

注：此表根据广西民族大学研究生处公布的文件通知整理而成。表中，2007 年课题序号为：1—11；2008 年：12—23；2009 年：24—31；2010 年：32—41；2011 年：42—50。每项课题支助金额为 2000 元。

表 3.5　广西民族大学民族学 2007—2011 年全区硕士研究生科研创新项目

序号	编码	年级	专业	项目名称	支助金额（万元）		
					政府	校配	合计
1	ZG	2005 级	民族学	掸—傣历史渊源及跨国关系研究	0.2	0.4	0.6
2	WMS	2005 级	民族学	外出务工对民族村落通婚圈的影响——以广西田东县 L 村为例	0.2	0.4	0.6
3	YJ	2006 级	中国少数民族史	红瑶女童教育的教育人类学研究	0.2	0.4	0.6
4	ZXJ	2006 级	民族学	花与子——广西靖西县其龙村壮族人的满月仪式研究	0.15	0.3	0.45

序号	编码	年级	专业	项目名称	支助金额（万元）		
					政府	校配	合计
5	LHC	2007 级	中国少数民族史	瑶族地区支教教师的调查与思考——以龙胜各族自治县泗水乡为例	0.15	0.3	0.45
6	HMS	2007 级	中国少数民族史	蓝靛瑶传统纺织文化的历史人类学研究——以云南河口瑶山乡水槽村泥博寨为例	0.15	0.30	0.45
7	HL	2007 级	中国少数民族经济	广西隆安南圩"亥日"的牙人研究	0.15	0.30	0.45
8	LP	2007 级	民族学	桂北壮族"戒邦"仪式研究——以西林县八达镇那卡村为例	0.15	0.30	0.45
9	LC	2007 级	中国少数民族艺术	南丹白裤瑶拉箓文化研究	0.15	0.30	0.45
10	RT	2008 级	中国少数民族史	边境地区蓝靛瑶医疗保健文化考察——以那坡县下华乡归六村为例	0.15	0.30	0.45
11	YY	2008 级	民族学	散居归侨地域认同研究——以广西东兴镇为例	0.15	0.30	0.45
12	ZHY	2008 级	中国少数民族经济	城市化与民族地区留守儿童的家庭教育——以广西平果县旧城镇床则屯为例	0.15	0.30	0.45
13	LY	2008 级	民族学	国家秩序边缘的国家权力——以 1949—1979 年广西那坡县百省乡洞洒屯为例	0.15	0.30	0.45
14	HYC	2009 级	民族学	口岸经济变迁对边民的影响研究——以浦寨的巨变为例	0.15	0.3	0.45
15	MQY	2009 级	民族学	中越跨国务工群体的双向流动研究——以 1949—1990 年广西那坡县百省乡那孟屯为例	0.15	0.3	0.45

注：此表根据广西民族大学研究生处公布的文件通知整理而成。表中，序号1—3为2007年区级研究生创新项目；4、5为2008年研究生创新项目；6—9为2009年研究生创新项目；10—13为2010年研究生创新项目；14、15为2011年区级研究生创新项目。

根据上表可看出，民族学研究生在获得省级及学校项目支持方面，具有一定的优势和特色。民族学虽然作为人文社会科学中的边缘学科，但在民族地区或民族院校却是优势学科和热门学科。从研究生的选题来看，大部分选题是围绕西南或广西民族地区的民族历史、民族文化、宗教或民间信仰、民族教育、民族经济和民族艺术等议题来选择，并以壮族和瑶族等民族主体为研究对象。

（二）毕业论文通过率

如前所述，学位论文评定是研究生教育质量评价的重要指标。德国的博士学位论文成绩评定非常严格，被视为学位授予的关键环节。首先，博士生把学位论文交给两位评阅人评审，两位评阅人包括导师和另外一名教授，主要从四个方面对论文进行评审：内容是否属于本系的学科范围；论文是否在本系教授指导下完成；科研成果是否别人已经发表过；能够表明作者已具较高的科学知识水平和独立进行科研工作的能力。① 个案学校的论文评审，实施了"双盲制"，即研究生提交经过导师签字允许参加答辩的论文后，由学校组织对所有提交论文，进行学位论文电子检测，然后由学院统一匿名递交给姓名保密的至少三位评审专家进行秘密评审，若论文通过盲审，则视为可参加正式答辩，若无通过，则需继续修改并延期答辩。而通过答辩的学位论文还需最终接受广西壮族自治区学术委员会的随机抽样检查。在2009年、2010年研究生毕业论文抽查中，民族学研究生的学位论文合格率分别都达到了100%。

（三）就业与就业力

从研究所时期毕业生就业的情况来看，他们有的成为了各级领导，有的在学术上已有建树。如，1984年至1997年，民族学学科团队"除担负

---

① 刘晖：《二十国研究生教育》，东北师范大学出版社1989年版，第343页。

学院必修课以外，还先后为区民委、区党校、区政协、广西经济干部管理学院、广西社会主义学院、南宁市党校民族干部培训班讲授民族理论和民族政策，培训民族干部近千人；1988 年至 1998 年，培养民族学专业本科生 312 人。这些学生在校期间学习优良，如 1989 级民理班的一位同学因工作成绩优秀，当选为全国共青团代表；民族学 1995 级本科班的毕业实习调查报告集——《边境上的族群》已于 1998 年出版，民族学 1997 级本科班的考研人数比率及上线率均创学院新纪录，民族学 1997 级本科班被评为 1998—1999 学年度自治区先进班级"①。

　　自民族学获得硕士点以来，民族学培养的是具有较高民族学学术水平和科研素质的高校师资和科研人才。因此，民族学毕业的研究生其就业去向理应主要为科研机构或高等教育机构，从事教学、科研或管理等工作，担任教师、公务员、企业管理等职务。例如：2004 级民族学专业的吕俊彪，现已成为个案学校民族学下设的二级学科中国少数民族经济专业的学科带头人，并成为其所在学院的党委书记，还有罗宗志博士、滕成达博士、韦丹芳博士等一大批高层次人才活跃在学术领域。这一批自己培养出来的学术新人，成为民族学知识体系的丰富和发展以及民族学学科建设的接班人。这正是民族学研究生教育本质的最直接体现。然而，当下每年 600 多万大学生急需就业的形势带来的人才供需矛盾，结构性失业等问题，对于任何一个人才培养单位来说，都是需要迫切解决的问题。民族学毕业生可以倚赖优惠政策，获得政策性就业机会。比如，在过去人才稀缺的就业环境中，得益于政策性照顾，历届民族学专业的毕业生大多去了少数民族地区机关单位。近年来，公务员热的就业导向，带动了民族学毕业的研究生正向公务员的康庄大道迈进，比如 2011 届的徐进杰在警察系统服务、葛青在广东佛山从事公务员工作，还有 2011 届毕业的张宏宇在广西民族大学党办从事行政管理工作等。

　　诚然，民族学是一门所谓的"冷门"学科，但民族学研究生在就业竞争力上，他们拥有自己的就业优势，诸如宽泛的直接为社会服务的人类

---

① 张有隽：《广西民族学院民族研究所成立 45 周年的回顾与展望》，见张有隽《张有隽人类学民族学文集》，民族出版社 2011 年版，第 60 页。

学、民族学知识基础，较多的就业岗位及选择领域，以及丰富的田野调查实践经验，具备研究生独立发现问题、解决问题的能力，艰苦奋斗的精神和与人交往的能力，较高的综合素质等。因此，尽管就业困难存在，但总体还是受用人单位青睐。中国少数民族艺术专业某导师如是评价自己带的研究生就业情况（感谢黄丹丹、谭密、向红、陈凤娥、陈阳等同仁对访谈资料的搜集和整理）：

> 我带的研究生就业，有困难的还是有的，素质不高，能力不强，找工作就会有困难。前两届都有找到工作，今年毕业的，（工作）手续办好了。我有一个学生，本科是学历史的，硕士是民族史，写的毕业论文是民族艺术，现在是在广西艺术学院当辅导员，还不错，领导挺重视的。填表申报之类的都是由他负责，有一本著作即将出版，他的毕业论文将近20万字，答辩的时候，老师一致给了97分，答辩老师说他的毕业论文拿到北师大去评博士论文，都没有问题的，他很勤奋，有魄力，本身基础也很好。

民族学专业毕业的已经参加工作的 H 先生这样看待民族学专业与自己就业的关系：

> 和美国一样，美国的大学教育是通识教育，不再是精英教育。所以不指望你的专业和你的就业有什么关联，它只是培养你的综合素质而已。中国的硕士扩招使得中国的博士才是精英教育，最起码硕士目前就业起码有一半还是跨专业的。实际上没什么，博士改行也是正常的。重要的是你自己的学术潜质，还有志趣以及终极目标。

（四）民族学硕士生考博情况

面对社会对人才需求的层次高移，大部分愿意从事学术科研或高校从教的硕士研究生，基本都会选择深造，继续攻读博士学位，以获得相应岗位的准入资格。广西民族大学民族学开展研究生教育十余年来，民族学硕士毕业生考取博士研究生的人数已达24人（详见表3.6），平均每年有 2 个人考上博士研究生。这为培养民族地区、民族学的教学、科研工作以及学科建设所需的学术型人才，奠定了坚实的人才基础，为民族学专门人才系统的建设，充实了强大的后备力量，进一步优化了民族学人才结构。

表 3.6　2002—2011 年广西民族大学民族学硕士毕业生考取博士研究生情况

序号	姓名	专业	毕业时间	考上博士时间	考上博士的学校	攻读博士学位的专业
1	TCD	民族学	2002.7	—	越南河内国家大学	民族学
2	LYL	民族学	2002.7	—	上海大学	社会学
3	LZZ	民族学	2003.7	2005.9	中山大学	人类学
4	WDF	民族学	2003.7	2005.9	北京科技大学	少数民族科技史
5	PYQ	民族学	2004.7	—	香港科技大学	人类学
6	LJB	民族学	2004.7	2004.9	中山大学	人类学
7	NHF	民族学	2004.7	2007.9	上海大学	社会学
8	LCJ	民族学	2005.7	2005.9	中央民族大学	民族学
9	YQM	民族学	2006.7	2006.9	中央民族大学	民族学
10	LMX	民族学	2006.7	2006.9	中央民族大学	民族学
11	ZZY	民族学	2006.7	2006.9	厦门大学	人类学
12	XCJ	民族学	2007.7	2007.9	西南大学	高等教育哲学
13	PYH	民族学	2007.7	2007.9	中央民族大学	民族学
14	CPZ	民族学	2007.7	2011.9	兰州大学	民族学
15	XX	民族学	2007.7	2007.9	中山大学	人类学
16	LY	民族学	2007.7	2007.9	中山大学	教育经济与管理

序号	姓名	专业	毕业时间	考上博士时间	考上博士的学校	攻读博士学位的专业
17	LJ	民族学	2007.7	2007.9	南京大学	社会保障
18	XW	民族学	2007.7	2007.9	中央民族大学	民族艺术
19	HLJ	民族学	2009.7	2009.7	中山大学	人类学
20	ZHF	民族学	2009.7	2009.7	上海大学	社会学
21	ZJF	民族学	2009.7	2010.7	中山大学	人类学
22	WMZ	民族学	2009.7	2010.7	香港科技大学	民族学
23	RT	中国少数民族史	2011.7	2011.7	华东理工大学	—
24	LY	民族学	2011.7	2011.7	中央民族大学	民族学

（五）质量控制

民族学研究生培养质量控制主要通过研究生培养的管理制度建设来实现的。民族学所属学院对研究生的统一管理主要体现在三个环节：一是把好入口关。在研究生招生复试环节严格把关，在研究生入学后导师与学生双选环节尽可能尊重导师和学生的意愿；二是重视过程管理。确定导师后，由导师和学生讨论，制订出完整的培养计划。由导师负责完成整个培养任务，分管的学科带头人、导师组和学院负责督促、检查；三是把好出口关。在三年培养期内，严格执行选题、开题、预答辩到正式答辩的程序，但重点在毕业论文。为此，民族学学科带头人周建新教授说：

> 为了保证质量，我们要求导师对学生的论文至少要进行三审后再寄出盲审，研究生处近年来还进行了防止抄袭的软件检测，我认为非常好。当然，三年培养期内，过程管理非常重要，务必要注重研究生培养的整个过程，而不是只关心毕业论文答辩最后这个环节。如果平时不关心，不闻不问，到答辩时有问题才着急，一切就都晚了。学院主要抓制度层面的工作，大部分指导工作是导师的责任，因此每个导师的责任都很重。

四 民族学研究生教育评价

民族学研究生教育评价是指对民族学研究生教育质量进行检测和评价。不同的内容有不同的评价方式或不同的评价体系，用不同的评价标准或选择不同的评价指标对评价对象或内容进行评价会得出不同的评价结果。我们选择"权威报告评估""主位自我评价""客位他者评价"三维评价体系，对民族学学科及其研究生教育培养质量进行评价，力求评价的客观性与合理性，但这并非"绝对"或"唯一"。

（一）权威报告评估

在由中国科学评价研究中心、中国科教评价网研发，邱均平等编著，由科学出版社出版的《中国研究生教育评价报告 2010—2011》[①]，对我国研究生教育各培养单位的学科专业水平进行了评估和排名。全国民族学一级学科和专业排名情况如表 3.7—表 3.12[②]：

表 3.7 民族学（0304）一级学科排行情况（2010—2011）（共 42 个培养单位）

排名	学校名称	等级	排名	学校名称	等级	排名	学校名称	等级
1	中央民族大学	5	4	西南民族大学	4	7	宁夏大学	4
2	云南大学	5	5	中南民族大学	4	8	厦门大学	4
3	兰州大学	4	6	内蒙古大学	4			

3 等（13 个）：陕西师范大学、中山大学、云南民族大学、广西民族大学、延边大学、西北民族大学、新疆师范大学、青海民族大学、新疆大学、内蒙古师范大学、四川大学、石河子大学、烟台大学

2 和 0 分别为 13 个和 8 个：名单略

---

① 邱均平等编著：《中国研究生教育评价报告 2010—2011》，科学出版社 2010 年版，第 47、96、97 页。

② 表中把竞争力分为 5 个等级：5 表示重点优势学科单位，即排在最前面 5% 的培养单位；4 为优势学科单位，占单位总数的 15%，即排在 5%—20% 的单位；3 为良好学科单位，占单位总数的 30%，即排在 20%—50% 的单位；2 为一般学科单位，占单位总数的 30%，即排在 50%—80% 的单位；0 为较差学科单位，占单位总数的 20%，即排在 80%—100% 的单位。采取的一级评价指标包括：办学资源、教学与科研产出、质量与学术影响等。

表 3.8　民族学（030401）专业排行情况（2010—2011）（共 29 个培养单位）

排名	学校名称	等级	排名	学校名称	等级	排名	学校名称	等级
1	中央民族大学	5	3	云南大学	4	5	南京大学	4
2	兰州大学	4	4	西南民族大学	4	6	中南民族大学	

3 等（9 个）：四川大学、中山大学、云南民族大学、新疆大学、宁夏大学、新疆师范大学、厦门大学、南开大学、内蒙古大学

2 等（8 个）：吉首大学、贵州民族学院、青海民族大学、西藏民族学院、贵州大学、广东技术师范学院、陕西师范大学、湖北民族学院

0 等（6 个）：名单略

表 3.9　　　　　中国少数民族经济（030403）（共 19 个培养单位）

排名	学校名称	等级	排名	学校名称	等级	排名	学校名称	等级
1	中南民族大学	5	3	中央民族大学	4			
2	西南民族大学	4	4	延边大学	4			

3 等（6 个）：内蒙古大学、广西民族大学、云南大学、云南民族大学、吉首大学、西藏民族学院

2 等（6 个）：青海民族大学、西北民族大学、内蒙古师范大学、新疆师范大学、贵州财经学院、桂林理工大学

0 等（3 个）：名单略

表 3.10　　　　中国少数民族史（030404）（共 21 个培养单位）

排名	学校名称	等级	排名	学校名称	等级	排名	学校名称	等级
1	兰州大学	5	3	云南大学	4	5	烟台大学	4
2	中央民族大学	4	4	宁夏大学	4			

3 等（7 个）：西北师范大学、内蒙古大学、云南民族大学、中南民族大学、陕西师范大学、广西民族大学、厦门大学

2 等（6 个）：内蒙古师范大学、西藏大学、内蒙古民族大学、新疆师范大学、青海民族大学、西北民族大学

0 等（3 个）：名单略

表 3.11 马克思主义民族理论与政策（030402）（共 15 个培养单位）

排名	学校名称	等级	排名	学校名称	等级	排名	学校名称	等级
1	兰州大学	5	2	中央民族大学	4	3	新疆大学	4

3 等（5 个）：石河子大学、云南民族大学、延边大学、西北民族大学、云南大学

2 等（5 个）：中南民族大学、青海民族大学、新疆师范大学、西南民族大学、河南大学

0 等（2 个）：名单略

表 3.12 中国少数民族艺术（030405）（共 16 个培养单位）

排名	学校名称	等级	排名	学校名称	等级	排名	学校名称	等级
1	中央民族大学	5	2	广西民族大学	4	3	云南民族大学	

3 等（5 个）：云南大学、中南民族大学、延边大学、内蒙古师范大学、四川大学

2 等（5 个）：西北民族大学、昆明理工大学、西南民族大学、北京服装学院、青海民族大学

0 等（3 个）：名单略

根据上表得知：广西民族大学民族学一级学科在全国位于第三等级的水平，而中国少数民族艺术专业最有优势，在全国占据第二的位置；中国少数民族史和民族经济也是处于第三等级的水平。总体而言，广西民族大学的民族学在办学资源、教学与科研产出、质量与学术影响等综合评价上处于良好的态势。

由于学科是不断建设和发展的，学科专业发展水平没有绝对的高或低和静态的好或差。因此，类似于此种评估排行榜的结果只是可供决策参考，而不能视为终极的"权威"结果。随着个案学校民族学学科地位不断增强，如民族学 2008 年成为国家级特色专业，民族学学科教学团队 2007 年被评为"中国南方与东南亚民族研究人才小高地"创新团队，2008 年获得"广西教学团队"称号，2010 年获国家级教学团队称号，并成为博士点授权建设单位等，无论在师资、教学科研和学术影响等诸多方面，都取得了显著成效，而且在国内民族学逐渐兴起的今天，仍有很大发展与提升空间。

（二）主位自我评价

坚持主位研究，是民族学、人类学研究的重要研究方法。从主位出发，是为了更加客观地认识研究对象的"本来面目"，反映事实真相。民族学学科在研究生培养方面对自我进行了正负两面的评价。在民族学刚开展研究生教育的早期，囿于经验相对缺乏以及办学条件有限，民族学研究生培养存在一些问题，比如，研究生的外语能力、理论素养、学术论文写作能力、实践能力等没有得到充分训练。

民族学对研究生培养质量现状分析后，提出了一些提高培养质量的具体措施："（1）加强研究生外语能力的训练。除加大研究生外语的授课时数以外，尽量让学生在专业课学习中接触和阅读国外文献，参与一些原著的翻译工作，要求研究生过英语六级。（2）加强研究生论文写作能力的培养。学术论文的写作有其严格的规范，经过三年的学习，要求学生在论文写作方面，从选择题、文献与知识史的回顾、论述结构、文本格式等方面要有严格的训练。研究生学习三年中，必须在公开刊物上发表至少一篇学术论文。（3）加强基本理论知识的培养。中国民族学人类学正逐步加入当代民族学人类学的潮流之中，提高学生的理论素养是为了让学生从知识积累的角度有一个与国际学术界的对话。我们要求学生在专业理论课学习中阅读经典原著，通过不断撰写读书报告来提高学生的读书和写作能力。（4）加强田野的训练。民族学人类学田野工作是该学科从业人员的基本功，我们要求学生在三年的学习期间内有不低于三个月的田野工作时间，尤其是学位论文的写作直接建立在田野工作的基础之上。"① 从这些措施中，能够透露出民族学学科对自我发展的客观评价，我们看到了民族学在发展研究生教育以及在培养科研型人才的过程中的务实与认真的精神。

通过不断创新人才培养模式，完善高层次人才培养体系的建构，民族学研究生培养质量有了很大提高，民族学对于自我人才培养质量的评价也多了许多自信和肯定。例如，我们在《高等学校特色专业建设点申报书》

---

① 参见《广西民族学院民族学与社会学学院总体发展建设与规划》（2003 年 10 月 10 日）。

中了解到民族学如是评价自我："民族学专业人才培养规范，质量的综合评价好。学生思想道德素养和文化素质水平较高；有扎实的基础理论、较强的基本技能和实践创新能力，学生外语、计算机应用能力强，等级考试通过率高"，"用人单位对本专业人才培养质量的综合评价好。综合表现为政治素质高，社会适应能力、组织管理能力强，基础知识扎实，动手能力强，开拓创新能力和决策能力强。用人单位反映民族学专业学生特别能吃苦耐劳，适应能力强，思想政治素质好，开拓进取，勤奋求实。近5年来本专业一直是全校考取选调生最多的专业。"① 该《申报书》对民族学学科人才培养持较为肯定的态度，对民族学学生的思想品德、职业素养、综合能力等进行了积极的自我评价，体现了民族学在人才培养方面的自信。

（三）客位他者评价

客位研究亦是民族学、人类学研究的重要研究方法，"这种方法的研究取向强调的是研究者的解释方式、概念范畴以及判断重要性的标准"②。换言之，客位研究的观点非研究对象自己的观点。我们使用的"客位他者评价"，借用了"客位"这一表述，但没有挪用其全部内涵，而是指除研究对象自身评价以外的其他主体的客观评价。为此，我们访问了个案学校退休教师顾有识老师，他如是评价：

> 民族学目前来讲还是往上走吧，民族学也好，历史学，社会学也好，都是前进的，不过发展到一定程度后，反而"创业"就越难。但是如果要真正发展下去，要有些新的东西，恐怕要好几年的努力，我们现在本科生、研究生的生源，目前还可以，生源不光是我们广西的，也是面向全国的，如果博士点能够下来，应该还可以，但是困难还是比较多的。现在各方面条件比以前好，如果在我们广西，在全国也能站得住，恐怕也是有一定难度的，大家还要努力。目前民族学有什么，具体主要解决什么问题我不太清楚，现在已经走到一定阶段

---

① 参见广西民族大学民族学《高等学校特色专业建设点申报书》，2008年5月30日填报。
② 周大鸣、秦红增：《文化人类学概论》，中山大学出版社2009年版，第40页。

了，我看明年把博士点拿下来以后，那个时候又是一个新的阶段了。我们前面的努力都在为这些铺路。本科生没问题了，硕士生没问题了，如果我们培养出来的博士生，社会上认可了，那我们就成功了，如果社会不认可，那我们还要努力。

五　培养模式的现状调查分析

（一）调查目的、对象与方法

随着我国研究生教育的发展，学术型研究生培养模式区别于应用型研究生培养模式，朝着自己的路径和方式运行。然而，当前民族学研究生培养模式是否适合地方经济社会发展需要，是否符合时代的要求，培养模式诸要素结构是否科学合理，培养机制是否良性运行？民族学是否真正按照自己的培养理念、培养方式实现了高层次人才的培养目标？民族学研究生培养模式有何特点？等等。基于这些疑问，笔者对个案学校民族学研究生培养模式的状况进行了调查分析。

由于民族学学科方法的内在要求，在选择研究对象时通常是以某个个案为研究对象。本研究所选择的个案为广西民族大学民族学，因此本研究所要调查的研究对象限定在广西民族大学民族学研究生教育培养对象范围之内。主要包括该校在民族学领域有影响力的专家学者、民族学与社会学学院的管理者和研究生导师、民族学等 5 个学科的研究生（2009 级、2010 级在校生以及 2008 级毕业生，合计 108 人）。

民族学的调查方法主要包括参与观察法、访谈法和问卷调查法，前面两种方法是民族学田野调查常用的具体研究方法，而后者较少用，主要是因为民族学通常把需要了解的问题通过结构访谈和无结构访谈法的形式，对调查对象进行深度访谈，从而获得调查者所要搜集的来自主位的客观资料。笔者除了使用访谈法对广西民族大学研究生教育管理者、研究生指导老师、民族学研究生等进行访谈以外，侧重结合教育学、社会学的问卷调查法，对民族学各学科专业的研究生进行了问卷调查，以了解民族学研究生培养情况。问卷设计采用封闭式和开放式问题相结合的方式。

本次调查共发放研究生问卷 108 份，回收 70 份，回收率 64.8%（笔者进行问卷调查时，由于 2008 级研究生已经毕业，大部分忙于工作或找工作，所以还采取了网络问卷调查的形式，而 2009 级毕业生又多在田野点进行田野调查，因信息交流不便，所以影响了回收率），有效问卷 66份，占 61.1%。通过对有效问卷的整理、统计，使用 Microsoft office Excel软件对数据进行了统计处理与分析。

（二）调查结果与分析

1. 生源情况

研究生培养模式是诸多相互关联的要素架构而成的。生源情况是影响研究生培养模式的重要因素之一。生源的好坏直接关系到研究生培养方式的选择、培养质量的高低。民族学研究生的生源情况如表 3.13。

表 3.13　　　　　　　　　民族学研究生的生源情况

序号	生源地	本科专业	研究生专业	研究方向	是否跨学科	年龄（岁）
1	—	广播电视新闻	民族学	民族艺术	是	24
2	湖南工业大学	工商管理	民族学	民族史	是	23
3	广西工学院	财务管理	民族经济	民族教育与经济	是	26
4	广西民族大学	新闻学	民族理论与政策	民族团结教育	是	24
5	河北农业大学	旅游管理	民族经济	民族文化与经济	是	24
6	广西民族大学	民族学	民族理论与政策	民族团结教育	否	24
7	广西民族大学	民族学	民族理论与政策	民族关系	否	25
8	广西民族大学	越南语	民族学	文化人类学	是	23
9	铜陵学院	工程管理	民族史	瑶学	是	24
10	河南财经学院	会计学	民族史	瑶学研究	是	30
11	—	—	民族史	壮族瑶族研究	—	26

续表

序号	生源地	本科专业	研究生专业	研究方向	是否跨学科	年龄（岁）
12	广西民族大学	行政管理	民族学	华人华侨	是	24
13	广西民族大学	民族学	民族学	民族教育	否	25
14	广西民族大学	民族学	民族学	发展人类学	否	25
15	南京工业大学	会计学	民族学	民族学	是	26
16	广西师范学院	国际经济与贸易	民族经济	民族经济	是	24
17	江西师范大学	通信	民族经济	—	是	26
18	河北师范大学	思想政治教育	民族学	跨国民族	否	26
19	广西民族大学	民族学	民族学	民族教育	否	25
20	湘潭大学	电子商务	民族学	宗教人类学	是	25
21	河北联合大学	公共事业管理	民族学	族群关系	是	25
22	广西民族大学	应用数学	民族经济	民族教育与经济	是	24
23	广西民族大学	泰语	民族经济	民族文化与经济	是	26
24	电子工程学院	电子商务	民族学	文化人类学	是	25
25	广西民族大学	社会工作	民族学	民族教育	否	26
26	济宁医学院	劳动与社会保障	民族学	南方民族	是	26
27	北京防化学院	计算机	民族史	壮学	是	27
28	广西民族大学	行政管理	民族理论与政策	马义民族理论中国化	是	—
29	郑州大学	—	—	—		23

续表

序号	生源地	本科专业	研究生专业	研究方向	是否跨学科	年龄（岁）
30	玉林师范学院	学前教育	民族学	民族教育	是	27
31	临沂大学	法学	民族学	民族法学	否	24
32	广西民族大学	民族学	民族学	族群关系	否	27
33	鲁东大学	社会工作	民族学	文化人类学	是	25
34	广西民族大学	民族学	民族学	族群关系	否	26
35	广西民族大学	民族学	民族学	民族教育	否	24
36	中央民族大学	民族学与生态学	民族史	少数民族农业史	否	29
37	广西民族大学	国际经济与贸易	民族经济	对外经济研究	是	27
38	云南师范大学	汉语言文学	民族史	壮侗语诸民族与东南亚相关民族	是	28
39	黑龙江科技大学	英语	民族理论与政策	世界民族政策	是	27
40	广西民族大学	民族学	民族学	文化人类学	否	25
41	广西民族大学	民族学	民族艺术	中国少数民族音乐	否	27
42	南昌大学	英语	民族艺术	壮族乐器	是	24
43	广西民族大学	泰语	民族史	东南亚民族史	是	28
44	中北大学	国际经济与贸易	民族学	民族教育	是	24
45	桂林理工大学	市场营销	民族学	民族教育	是	26

序号	生源地	本科专业	研究生专业	研究方向	是否跨学科	年龄（岁）
46	广西民族大学	民族学	民族学	发展人类学	否	24
47	广西民族大学	民族学	民族学	东南亚历史与文化研究	否	24
48	广西民族大学	泰语	民族学	民族教育	是	28
49	石家庄经济学院	广告学	民族艺术	华南少数民族艺术	是	25
50	新乡学院	英语	民族史	瑶学	是	28
51	山西财经大学	经济学	民族经济	民族经济与文化	是	26
52	临沂大学	法学	民族学	民族法学	否	26
53	中央民族大学	民族学与英语	民族学	跨国民族	否	25
54	广西师范大学	音乐学	民族艺术	华南少数民族史	是	30
55	中南民族大学	市场营销	民族经济	民族经济与文化	是	26
56	乐山师范学院	汉语言文学	民族理论与政策	当代民族政策	是	25
57	广西民族大学	民族学	民族学	华南少数民族经济	否	30
58	湘潭大学	法学	民族学	民族法学	否	25
59	首都经济贸易大学	行政管理	民族史	少数民族科技史	是	27
60	广西民族大学	民族学	民族学	族群关系	否	26
61	广西民族大学	旅游管理	民族经济	民族旅游经济与文化	是	26
62	安徽大学	英语	民族史	壮学	是	25
63	北方民族大学	财务管理	民族经济	瑶族文化研究	是	26
64	广西师范学院	汉语言文学	民族经济	民族教育与经济	是	27

（1）攻读硕士学位之前接受教育的高校情况

在表 3.13 的 64 个样本中，按攻读硕士学位以前就读学校划分，来自广西民族大学本校的占 37.9%，来自外校的占 59.1%，3.0% 未知。按本科所读大学的层次划分，来自"985"或"211"工程大学的占 7.8%，主要为中央民族大学、安徽大学、郑州大学、南昌大学等，来自省、自治区、直辖市属高校的占 79.1%，主要包括中南民族大学、北方民族大学、云南师范大学、广西师范大学、湘潭大学、湖南工业大学、首都经济贸易大学、鲁东大学等；来自地方本科院校的占 14.1%，这些院校包括铜陵学院、济宁医学院、石家庄经济学院、新乡学院、临沂大学、玉林师范学院、桂林理工大学、乐山师范学院等。

从多数研究型大学的生源情况来看，它们的研究生大部分是本校本科毕业生，1925 年密歇根大约一半的研究生是从本校拿的本科文凭，在哈佛的同时代的研究生，有 25% 来自哈佛学院，其他的基本来自附近的学院。威斯康星大学在一项学生调查中发现，25% 的研究生来自它们年级中成绩优秀者，而 40% 的研究生来自于成绩属于中下等的本校学生。由一流研究生院进行的一项全国性研究报告显示，不到三分之一的学生数毕业于声誉较好或相当意义上的学院，甚至在哈佛，仅有一半的入学研究生可被期望进入第二年的学习。[①]

（2）生源地学科专业背景

民族学各专业的研究生基本上都属于跨学科或跨专业，调查结果显示，属于跨学科考取研究生的有 41 人，占 64.1%；本科专业同属于民族学所在的法学学科门类的有 21 人，占 32.8%；还有 2 人未标明所学专业。如果按专业统计，本科专业属于民族学一级学科的只有 16 人，占 25.0%，且他们基本属于广西民族大学本校民族学本科专业毕业的学生，另外 70% 以上所学专业都属于民族学一级学科以外学科专业的。从他们大学阶段所学专业来看，主要包括文史哲等各学科专业，甚至有的学生有计算机、数学、通信工程等理工科知识背景，这些专业分布在法学、经济学、管理学、教育学、文学、理学、工学等各个学科门类。

---

① ［美］罗杰·L. 盖格（Roger L. Geiger）：《增进知识：美国研究型大学的发展（1900—1940）》，王海芳、魏书亮译，河北大学出版社 2008 年版，第 208—209 页。

（3）年龄结构

高等教育有自己独特的研究对象，其中一个重要特征就是接受高等教育的学生年龄基本都在 18 岁及以上。研究生教育是高等教育中的最高层次教育，接受研究生教育的研究生，其年龄比接受大专或本科教育的学生要高，如果是正常升学的应届生，攻读硕士学位一般在 23—26 岁之间，攻读博士学位一般在 26—30 岁之间。根据我们的调查结果，民族学研究生的平均年龄为 25.7 岁（1 人未填写自己的年龄，因此求均值时的总体为 63 人），其中，最小年龄为 23 岁，最大年龄为 30 岁，属于正常的研究生年龄阈限。

2. 关于培养目标

培养目标是学术型研究生培养模式架构的出发点和归宿。模式的架构就是为了实现培养目标，培养目标制约整个学术型研究生的培养过程和培养方式。如前所述，学术型研究生的培养有自己的特征，其主要是为培养能在高等院校、科研院所等机构从事教学、科研等研究性工作的人才。因此，学术型研究生培养模式必须要以培养学术型人才为价值导向来加以建构与创新。目前，民族学研究生培养模式是否能真正确保培养目标的实现，是否按照学术型研究生培养的规格、路径和机制在运行？

（1）攻读学位的目的

我们以学术型研究生的基本心理特征及就业特征为出发点，对调查对象攻读学位的意图进行了调查（调查结果如表 3.14）。调查结果显示，民族学诸学科专业的研究生攻读学位的目的不一，表明不同的主体对接受高层次教育的诉求存在差异。在高等教育大众化的今天，人们接受高等教育的几率大大提高，越来越多的人可以根据自己所需进行教育选择。知识经济时代的到来加快了知识更新的速度，对人们的知识结构和能力素质提出了新的挑战。年轻一代已不可能仅凭掌握的现有狭窄的知识就能驾驭整个人生，能力社会与文凭社会的激辩在某种程度上是对现实教育的一种侧面写实。这些现象与事实表明，研究生之所以选择接受更高层次教育，其目的主要是满足自己的需求和社会时代发展对自身素质能力的要求。其中，40.91% 的研究生认为攻读学位主要是为了"增长知识和能力素质"，30.30% 主要为了"获得更高学历与学位"。关于攻读更高学位的动机，在德国研究生联合会对德国 10% 的博士研究生展开的调查中显示，85%

的学生表示攻读博士学位是出于他们对所研究领域的强烈的探究欲。[①]

表 3.14　　　　　　　　　　　**攻读学位的主要目的**

	频数	有效百分比（％）	备注
A. 满足职称、职务的需要	1	1.52	选 E 项主要考虑的因素：
B. 获得更高学历与学位	20	30.30	兴趣爱好；
C. 帮助自己找到理想的工作	13	19.70	没想过。
D. 增长知识和能力素质	27	40.91	
E. 其他，请说明：_____	5	7.58	
合计	66	100	

　　在传统观念中，高学历学位可以帮助研究生更容易找到一份满意的工作，而在现代社会中，文凭不是用人单位选拔人才的唯一标准。因此，试图用高学位、高学历去谋求一份理想的工作，恐怕已不是最明智的抉择。另外，由于现在大多研究生基本都是全日制在校研究生，因此通过获得学位来满足职称、职务需要的比例则很少。这主要归因于近年来我国研究生规模扩大以及研究生培养模式的多元化，应届本科生选择继续深造的越来越多，而在职研究生又大多选择了攻读应用型专业硕士或博士学位，所以学术型研究生攻读学位用以满足职称需要的就比较少。另外，有少部分研究生攻读学位主要是出于自己的兴趣爱好，也还有"没想过"的。由于研究生主体构成逐渐多元化，加之外部环境的刺激，不同主体对教育诉求是异质与多元的，学术型研究生培养模式也就不能完全满足不同主体的需要。因此，创新学术型研究生培养模式，最大限度满足不同研究生的不同需要，培养社会需要的多元化人才，是十分必要的。

　　（2）就业取向

　　学术型研究生一般以高等院校、科研院所等机构为就业目标，学术型研究生培养模式也是按照这一培养目标来架构的。那么是否所有的学术型研究生都选择研究性工作作为自己的职业目标呢？统计结果显示：42.42％的民族学研究生希望攻读学位后最想从事"高校或科研院所的教

---

① Anne Forde. Uncovering the Situation of Ph. D. Students in Germany. Germany 21, 2005 (1).

学、科研等研究性工作"，最想从事"行政事业单位的管理、调研工作"和"社会企业部门的技能型、操作型等应用性工作"的也不少（分别为31.82%、16.67%，如表3.15）。还有些希望从事新闻媒体、律师工作以及自由职业。在访谈的过程中民族学某研究生谈道：

> 学校和个人双方要明确培养目标，是培养理论研究型还是实践应用型，然后多角度考查学生的学术和生活背景，分别录取最适合的学生；理论研究型研究生教育就要系统培训，提高学生的学术造诣，应用型就要结合技术面，更多地注重社会实践方面的培养；不论是哪一种，都要有相当程度的就业方向，如果不能就业或不能利用木专业的知识就业，久而久之，专业知识会被遗忘。

表3.15　　　　　　　　　攻读学位后最想从事的工作类型

	频数	有效百分比（%）	备注
A. 高校或科研院所的教学、科研等研究性工作	28	42.42	选 D 项主要考虑的因素： 新闻媒体； 自由职业； 律师
B. 行政事业单位的管理、调研工作	21	31.82	
C. 社会企业部门的技能型、操作型等应用性工作	11	16.67	
D. 其他，请说明：_____	6	9.09	
合计	66	100	

可见，从研究生的立场出发，他们认识到学术型研究生与应用型研究生的差别，但比较关心的是，认为无论是何种类型的研究生，培养单位必须要以就业为导向，从而来实现研究生培养目标和所学专业的价值。例如，有研究生认为："建议学校多关心一下学院的毕业生就业情况，毕竟培养了素质再好的学生，如果就不了业，都是白搭，只会让这个学科（的发展）越来越困难，只有毕业生就业有了保障，大家才会安心学习，刻苦钻研，才会致力于学术研究。"

还有研究生认为："导师的学术能力和科研能力均比较高，但目前该专业尚属于冷门专业，尚未被社会各界所认可，培养出来的学生与社会所需人才尚有一定的脱节，希望能有一定针对性培养学生，能更好适应社会，提高就业率。"

综而述之，学术型研究生攻读学位的目的多元化，对研究生教育的诉求不一，与学术型研究生培养目标存在分歧；学术型研究生的就业存在多种价值取向，不拘泥于学术性工作岗位，甚至大部分研究生倾向于选择非研究性的工作。这要求，研究生培养目标与研究生培养模式需要各自调整与创新，以满足社会和个体对高层次教育的诉求，培养符合社会需要的学术型人才。

3. 关于培养方式

(1) 学术素养的培养

学术素养是学术型研究生从事学术研究所需要具备的素养。研究生的学术素养有很多，概括起来主要有：理论的素养、方法的素养、跟踪学术前沿的素养、开拓学术疆域的素养、独立探究问题的素养、正确的学术态度和学术规范等基本素养（将在第四章展开详细论述）。根据调查结果显示，按照研究生对不同学术素养的认同程度排列，认同率从高到低依次为"独立探究问题的素养""理论素养""方法素养""跟踪学术前沿的素养""开拓学术疆域的素养"和"超然的学术态度"（详见表 3.16）。从表中可知，研究生对自主性学习、理论和方法素养表示了较高程度的认同。为此，我们也访问了民族学研究生，他认为：

> 一名合格的学术型研究生应该具备学术的责任心，特别是民族学、人类学学者，因为我们获得的材料在一定程度上是软材料，要有很强的责任心才能保证一手材料的真实性。除此之外，还应明白文化相对论的本质，每个民族、每种文化都有自己形成的各项因素，这些因素是客观的，无法改变的，如果下乡后瞧不起、鄙视他人的民族与文化，这是没有道德的表现，更是外行的特写。既然我能说出这些，我就基本具备这些素养。

学术素养对于研究生的成长是极其重要的。然而，目前一些研究生甚至包括部分研究生导师可以说对研究生学术素养及其培育问题仍缺乏全面系统的认识。研究生学术素养的培育是研究生培养的一个重要环节，它直接或间接影响研究生培养质量，因此，全面系统培育研究生的学术素养显得尤为必要。关于研究生学术素养的培育问题，将在第四章中结合田野调查展开详尽论述，此处暂且不加赘述。

表 3.16   一名合格的学术型研究生应该具备哪些学术素养

	频数	有效百分比（%）	备注
A. 理论素养	55	83.33	
B. 方法素养	49	74.24	
C. 独立探究问题的素养	59	89.39	多选
D. 跟踪学术前沿的素养	45	68.18	
E. 开拓学术疆域的素养	39	59.09	
F. 超然的学术态度	22	33.33	

（2）导师指导

导师是研究生成长、成才的引路人，是研究生为人、为学的重要标杆。导师指导是指研究生导师采取一定的方式指导研究生学习、教学实践、科研、撰写毕业论文等研究生培养的活动与实践过程。导师指导发轫于德国研究生教育的学徒式教育模式，它吸收了中世纪行会艺徒教育中师傅带徒弟的做法，形成了独特的学徒式研究生教育模式。教授或导师在德国学徒式博士培养过程中具有举足轻重的作用。名师出高徒，教授学术水平的高低及其对博士生的指导直接制约着博士生教育的质量。之后形成的高等学校博士学位规则与各州高等学校法也特别肯定了教授对博士生教育的指导作用。导师的指导主要包括论文选题、科研与论文写作、论文评审三个方面。在德国博士生教育中，学生与教授的关系是师徒关系。学生充当导师的助手，在导师的亲自指导下从事较为独立的研究活动，直至博士学位的获得。① 这种学徒式的导师指导方式比较注重师生间的个人关系，与今天倡导的导师组指导方式相比，有自己独特的特点。

第一，导师的作用。根据调查结果显示，民族学研究生认为导师在培

---

① 李盛兵：《研究生教育模式嬗变》，教育科学出版社1997年版，第50—55页。

养的过程中最重要的作用是"思维方式和方法的训练"（占 46.97%），其次为"学术素养和科研能力的培养"，导师在"撰写学术论文及毕业论文能力的培养""专业理论知识的传授"等方面发挥的作用较少（见表3.17）。事实上，导师对于研究生的培养最为关键的应该是科研与论文写作的指导。因为研究生已经是经过严格选拔出来的具有一定学习能力的优秀学习者，基本能自主学习学科领域的理论知识，然而科研及撰写学位论文的方法却是研究生不得不把握的一大棘手问题。方法论是实现研究生教育目标的手段、途径，因此，导师在这方面的指导是至关重要的。

表 3.17　　　　　　导师在研究生培养的过程中最主要的作用

	频数	有效百分比（%）	备注
A. 专业理论知识的传授	5	7.58	选 E 项考虑的因素：综合素质的培养，性格上的塑造；
B. 撰写学术论文及毕业论文能力的培养	5	7.58	
C. 学术素养和科研能力的培养	24	36.36	
D. 思维方式和方法的训练	31	46.97	
E. 其他，请说明：＿＿＿＿	1	1.52	
合计	66	100	

　　第二，导师培养研究生的侧重点。根据下表可知，民族学学科的导师对研究生的培养，主要强调的几个方面，按照高低顺序排列，依次为理论知识的储备（占 59.09%）、田野调查的实践、毕业论文的撰写、学术论文的发表以及其他（见表 3.18）。

　　研究生在三年学习的时间里，需要学习本学科专业的一些基础理论和方法课程，并达到培养单位对学分、课程成绩绩点的相关要求，撰写学位论文并通过答辩。研究生导师在这个过程中，扮演全面参与指导的调控角色。当然，由于不同导师其理论知识结构和方法论储备有所不同，以及学生的基础水平不一，大多数研究生属于跨学科、跨专业，基础相对薄弱，导师对研究生培养的侧重点也就各有不同。对于民族学研究生来说，民族学、人类学等理论知识是最为薄弱的模块，而田野调查又是民族学学科研究方法的内在要求以及学位论文的"硬性规定"。因此，导师主要强调理论知识的储备与田野调查的实践，对于刚涉足民族学专业的研究生来说，无可厚非，且是一个可行的培养方略。当然，在注重理论与实践相结合的前提下，一定不能忽视科研和学位论文的撰写等环节，它们是研究生培养评价的重要指标，是培养质量的综合反映。

表 3.18　　　　　　　　导师对研究生的培养主要强调的内容

选项	频数	有效百分比（%）	备注
A. 理论知识的储备	39	59.09	
B. 学术论文的发表	7	10.61	
C. 田野调查的实践	24	36.36	多选
D. 毕业论文的撰写	15	22.73	
E. 其他	0	0.00	

　　第三，研究生对导师培养的期待。如果说导师采取何种培养方式是导师"一厢情愿"的做法，那么让研究生站在导师的立场，通过理想中的角色扮演，以换位的方式，选择自己心里期待的导师培养方式，结果又会如何？调查结果表明：传统的课程讲授方式，几乎受到集体"摈弃"，而"参与导师科研课题"（达到51.52%，详见表3.19）的欲求愈来愈强烈，受学科方法论影响，田野调查仍然被认为是导师培养研究生的恰切选择。这在某种程度上反映出，民族学研究生在参与导师科研课题的实践中存在两种可能：或使得自己的科研能力得到了锻炼和提升，希望继续获得这种机会；或本身缺乏参与这种实践的机会，希望能获得这种机会。例如，在访谈中一些研究生谈道：

　　　　"希望多参与到学术研究项目中去，培养科研能力"；
　　　　"给学生的研究经费太少，导师对研究课题的指导应该加强"；
　　　　"制定规章制度，让学生至少参与导师一项省级以上课题"；
　　等等。

　　可见，为研究生提供学术科研平台，通过与导师的指导与合作，提高研究生科研创新能力，是研究生在科研训练机会获得方面共同的心声。

　　（3）学习方式
　　学习的方式可以有多种，研究生阶段的学习与本科阶段的学习有着本质区别。研究生的学习主要体现学习的专业性、学术性、研究性、自主性、创新性等。采取何种学习方式学习，关系到学习效率与学习结果的情况。根据调查结果显示，"导师单独全面指导"和"自主研习"的方式被认为是比较好的学习方式。而认为由"学校及学院统筹安排"则占12.12%（见表3.20）。导师指导其作用和意义已经在前面有所论及，不予复述。自主研习强调的是研究生应发挥主体的能动性，带有研究性的自主学习、自主研究。事实上，培养研究生的独立开展学术科研的能力既是研究生须具备的学术素养，也是我国学术型研究生培养的具体目标之一。

表3.19　　　　　　　　培养研究生科研素养最好的方法

	频数	有效百分比（%）	备注
A. 课程讲授	3	4.55	选D项考虑的因素：多种方式相结合；学习专业理论知识，全程参与导师科研课题；因材施教，导师引导，学生自觉，理论与实践结合；培养学生从日常生活中领悟道理的能力。
B. 参与导师科研课题	34	51.52	
C. 田野调查的实践	23	34.85	
D. 其他，如：_____	6	9.09	
合计	66	100	

表3.20　　　　　　　　研究生最好的研习方式

	频数	有效百分比（%）	备注
A. 导师单独全面指导	25	37.88	选D项主要考虑的因素：导师监督指导与自主研究；导师根据学生能力、兴趣爱好及未来就业方向进行指导；学思并重，导师引导，学生自觉；在对所学专业保持浓厚兴趣且专业有良好的发展前景的前提下，自主研习，有问题时能有条件与导师及相关领域专家无障碍的沟通。
B. 学校及学院统筹安排	8	12.12	
C. 自主研习	26	39.39	
D. 其他，请说明：____	7	10.61	
合计	66	100	

民族学学科带头人周建新教授谈到自己带研究生的经验："从人的主体角度出发，考虑到学生个性的差异，我希望研究生都能够自主学习、自主研究、自主发展。我经常让他们去做田野，回来后和我讨论感兴趣的话题，如果他们觉得自己能够胜任，就选择以此作为硕士论文的基点，再作深入调查研究。我尽量留给他们相对更多自主学习的空间，同时也要给学生提供各种机会以及创造有利的学习环境与条件。"

中国少数民族史学科带头人李富强教授认为："我总是觉得一个人到了研究生这个阶段，就不能够还是把他当成一种考试机器来培养，处在研究生阶段就真的是要培养他的研究能力，独立自主的科研能力。所以如果说我培养研究生有什么特点的话，可能从某种意义上来说我是不会管那么多的，也就是会让他们在一个比较宽松的氛围下学习。比如我接触进入人类学这个专业的一个新生，首先我会告诉他这个专业有什么书是需要必读的，注重他的自主读书和独立思考的能力的培养。并且结合他本科的专业和这个学生的生源地的特点来让他思考自己的毕业论文的取向，对研究点做出恰当的选择。另外我个人并不是很注重课堂要求，觉得研究生要更加注重课外的自主学习，因为在课堂上学到的东西总是有限的，尤其是在上课效果并不理想的状态下。还有就是我不赞成用考试来约束研究生，研究生应该在一个比较宽松的环境下通过博览群书来提高自己的思考能力和研究能力。"

某研究生谈道："导师应该积极负责任的指导，指定任务，监督培养，同时加强学生自主研究能力。学校应提供更充足的研究条件，以满足各学科专业的研究需要，增强学生学习研究的动力。"

诚然，研究生的学习不是仅靠研究生单枪匹马就能斩获成功的，尽管我们强调研究生的自主性学习研究，但它同样需要学校教育的基础设施平台、科研实力、制度环境、校园文化、学术氛围、管理机制等多重要素叠加功能的全方位协调与配合。

（4）学术活动

学术活动对于学术型研究生的学术科研能力的培养意义重大。个案学校开展的学术活动多样化，受到研究生不同程度的青睐。其中被认为对研究生专业学习最有帮助的学术活动是"田野调查"（占48.48%，见表3.21）。但在学术演讲、学术沙龙和论文竞赛等方面却表现出较少的兴趣。实际上，每项学术活动都有其特殊的目的和意义，为研究生的学术成长提供了多个平台，关键在于研究生自己如何根据自身发展特点去选择培养自我、发展自我和展示自我的方式。

表 3.21　学校为研究生开展的对研究生专业学习最有帮助的学术活动

	频数	有效百分比（%）		频数	有效百分比（%）
A. 学术演讲	5	7.58	D. 创新项目	14	21.21
B. 田野调查	32	48.48	E. 学术沙龙	3	4.55
C. 论文竞赛	1	1.52	F. 专题讲座	11	16.66
合计	频数：66 ；百分比：100%				

为了解研究生对学术活动的态度和看法，作者访谈了一些研究生：

访谈者：你经常参加学校的学术活动吗，比如学术演讲、学术论文竞赛、挑战杯比赛、社会调查等？这些活动对你的科研能力的训练有哪些影响？

跨国民族方向某研究生：算积极分子，这些活动或多或少肯定是有帮助的，至少你在判定这些活动对自己有无帮助时，就已经形成有自己的看法了。而对于某些问题产生共鸣或者持不同意见，也是对于学生能力的一种锻炼。对于我本身而言，还是赞同此类的活动的召开，至少站在自己和别人的立场看待同一事物是有不同的看法，一旦自己作为评判者的身份，会很大程度上发挥自己在研究问题上的最大潜能和集中对此问题的所有知识点的考虑，若站在自己的角度，会在自己研究问题时，尽量做到自我认为的最好状态。不管以怎样的角度，都是对于自己能力的提高。只是现阶段的人们似乎都没有过高的热情对此感兴趣。主要是自己生活的事情较多，让有工作有家庭的同学考虑这样多，也似乎不太可能，让对此专业不感冒的同学参加似乎也行不通。

文化人类学方向某研究生：参加。原来不想参加，导师让我们参加的，他的学术敏感性很强，我都听他的。他说重在参与，多锻炼。参加学术活动，让我知道别人研究的东西，也把自己的研究成果向大家展示，也取得更多人的意见。我胆小，但学术活动让我敢于一次次站到讲台上。

中国少数民族史专业某研究生：参加，可以和其他同学一起进行专项讨论与学习，提高学术水平。

民族学专业某研究生：我参加过学术论文竞赛和社会调查，这个可以锻炼人的综合能力。比如口头表达能力、逻辑推演能力，将所学表达出来是重要的。要不然学术就没有影响力。

（5）田野调查

民族学学科在研究生培养上最具有自己特色的方式就是，通过田野调查的理论与实践，开展研究生的培养活动。无论是课程学习，或是毕业论文的撰写，民族学研究生都必须走出书斋，走进田野。田野调查对于民族学研究生的成长到底有何重要意义，我们可以从调查结果中知晓，田野调查不仅是"搜集资料的工具和方法"（34.85%），也是"掌握学科知识的必要过程"（16.67%），更可以"系统培育研究生的学术素养"（39.39%）（见表3.22）。另外，部分研究生认为，田野调查还可以帮助自己认识校园以外的世界，包括接触社会、认识社会，进行社会交往等。个案学校中国少数民族史学科带头人李富强教授则对田野调查持有不同的意见，在他看来，理论学习与理论准备比田野调查实践更重要，只有在做好充分的理论准备的情况下，田野调查工作才会做好。

田野调查作为民族学、人类学的必修课程，既是学科的研究方法，搜集第一手材料的最重要工具和手段，也是检验理论的重要方式，还是积累社会经验的重要途径。研究生导师和研究生对此都有深刻的体会，也是值得思考的话题。田野调查除了作为民族学的学科研究方法以外，是否还具有其他更重要的功能属性？它与研究生的学术素养存在何种关联？如何充分利用田野调查来系统培育民族学研究生的学术素养，发挥田野调查的教育功能？这些议题将在第六章中展开详尽论述。

（6）课程设置

课程是指学校按照一定的教育目的所建构的各学科和各种教育、教学活动的系统总和。课程包含几个基本要素，即课程是有目的的，不是自然发生的；课程是一个有组织的体系，而不是杂乱无章的；课程包括学科体系，也包括其他有目的的教育教学活动体系。课程的设置合理与否，课程

表 3.22　　　　　　　　田野调查在研究生成长中的主要作用

	频数	有效百分比（%）	备注
A. 搜集资料的工具和方法	23	34.85	选 D 项主要考虑的因素：　认识社会的一个途径；提供一个培养开创性思维的平台；提高人际沟通能力、观察能力、应急应变及实际解决问题能力，对今后无论从事什么工作都有一定的好处；走出书斋，走向社会，学习如何与各行各业的人打交道，了解社会现实。
B. 掌握学科知识的必要过程	11	16.67	
C. 系统培育研究生的学术素养	26	39.39	
D. 其他，请说明：____	6	9.09	
合计	66	100	

质量的高低，都直接关系到高级专门人才的质量。[①] 可以说，课程居于教育事业的核心，是教育的"心脏"。无论是显性课程，还是隐性课程，在某种程度上它们决定了研究生的知识、能力和素质结构，要培养研究生的科研能力，就应重视课程建设。在美国，"大量、系统的课程学习是美国研究生教育区别于德国研究生教育的一个显著特征"，美国学者认为，"现代科学知识更新迅速，研究生只有通过学习不同课程、不断充实新知识，才能把握学科前沿动态，才能充分发挥研究生科学研究的创新能力。"[②]

鉴于课程在研究生培养中的重要性，针对个案学校民族学的课程设置，包括课程设置的满意度、课程改革、课程考核等问题进行了调查。调查结果如表 3.23—表 3.24。从统计结果可知，民族学研究生对目前的课程设置基本满意，认为"不合理"的占 33.33%。认为未来民族学课程设置应该"注重能够积累社会实践经验的隐性课程"的占 46.97%，"注重跨学科知识面的拓展"的占 31.82%，其余则认为应"注重本学科专业的知识传授"。

在访谈过程中，有研究生提出建议："选修课增多一些，务实一些；可开设指导就业或继续深造的课程；学校硬件方面提升一些，自习室的环

---

① 潘懋元、王伟廉主编：《高等教育学》，福建教育出版社 1995 年版，第 127—128 页。

② 许红：《中美研究生培养模式比较研究》，四川大学出版社 2010 年版，第 119 页。

境，教室和图书馆的开放应更加为学生考虑些；每个学期多开几门课供学生选择。"

表 3.23 目前的课程设置

	频数	有效百分比（%）	备注
A. 很合理	1	1.52	
B. 基本合理	43	65.15	
C. 不合理	22	33.33	
合计	66	100	

表 3.24 课程设置调整的重心

	频数	有效百分比（%）	备注
A. 注重本学科专业的知识传授	12	18.18	选 D 项考虑因素： 　明确的学科定位、成熟的学科建构思考才能带来完善的课程设置，最终培养优秀的研究者。
B. 注重跨学科知识面的拓展	21	31.82	
C. 注重能够积累社会实践经验的隐性课程	31	46.97	
D. 其他，请说明：＿＿	2	3.03	
合计	66	100	

　　如何根据民族学学科特点和研究生生源的具体情况科学合理地进行课程设置，对民族学未来研究生教育发展起着关键作用。民族学开设的研究生课程主要为本学科领域的专业课程，而多学科知识的课程则比较少。民族学各二级学科原本多为交叉学科，课程设置应该要综合化。当前各国高校课程都在进行改革，其大致趋势为：课程内容的综合化，包括课程设置上的文、理、工相互渗透，开设联合课程或综合科目课程，开设跨学科课程或建立跨学科专业；课程设置和实施的多样化，包括开设大量选修课，使课程种类多样化，运用新信息技术，使课程实施方式多元化，开设自由研究课程，使课程形式多样化；课程性质的职业化，包括设立职业方向主修课程或专业，重视实际工作经验，并将其与系统学习统一起来，加强课

程中的实践教学环节；课程方向的人文化。① 由此可见，无论是跨学科知识，或是重实践的隐性课程，还是学科前沿知识，都是研究生课程理应考虑的重要因素。民族学的跨学科课程的不足，严重限制了研究生的学术视野，影响研究生多学科方法的借鉴与运用，而在强调田野调查的实践时，是否传授给了学生学科经典的理论知识，研究生是否真正掌握"把理论运用到实践，在实践中反思理论"的能力，这些都是未来民族学学科课程设置理应慎重考虑的问题。

4. 关于培养评价

（1）课程考核

课程考核是研究生培养质量评价的重要环节，在研究生培养模式中发挥筛选、分流、淘汰和激励的作用。由于课程考核是一项复杂的系统工作，是整个教育评价的一个组成部分，它的实施也需要和其他各方面评价结合起来或相互联系起来。研究生教育的课程考核不是简单的考试测评，不能仅仅以成绩论水平。研究生课程学习强调专业性和研究性，尤其是学术型研究生，以学术研究为根本。因此，研究生的课程考核应注重考查学生的学术素养和科研能力。一方面，考试有利于激发学生去学习书本上的经典理论和前沿知识，另一方面，课程论文有利于研究生自主性学习，提高研究生自主研究的能力，促进研究生对学科理论知识的把握和运用。国内对于学术型研究生的课程考核主要采取了撰写课程论文与课程考试相结合的形式，并得到普遍认同。调查结果显示，超过半数研究生认同"课程论文与考试相结合"的课程考核方式，也有 39.39% 的研究生认为应该"全部以课程论文的方式"（见表 3.25），在访谈中也有研究生表示支持这种考核方式，他认为要"取消所有科目的考试，改为课程论文或不考试"。

有些研究生导师认为，通过考试来考核也并非值得推崇的方式。例如，民族学某导师说（感谢黄丹丹、谭密、向红、陈凤娥、陈阳等同人对访谈资料的搜集和整理）：

我们学校的一些制度越来越完善，越来越严密了，这样便于对

---

①　潘懋元、王伟廉主编：《高等教育学》，福建教育出版社 1995 年版，第 136—144 页。

表 3.25　　　　　　　　　　　　**课程考核方式**

	频数	有效百分比（%）	备注
A. 全部以课程论文的方式	26	39.39	选 D 项主要考虑的因素： 　　注重学生学术观点和视野的考核；
B. 全部以考试的方式	2	3.03	
C. 课程论文与考试相结合	34	51.52	展示创造性思维的课程答辩即可；
D. 其他，请说明：＿＿	4	6.06	理论与实践考核相结合。
合计	66	100	

研究生的管理。但是有一些地方又过于死板，不利于研究生能动性的发挥。就拿去年来说吧，硬性规定研究生的课程必须通过考试来进行考核，这就没有必要了。从幼儿园到大学，学生就一直在考试，考了十几年啦，难道还不够吗！更何况这些能够考上研究生的人都是考试的高手，我很相信他们具备考试的能力。因此真的没有必要再去训练他们的考试能力了。我主张应该提高他们的写作能力。所以应该给他们按照规范的论文的格式去培训他们的写作能力。其实很多课程都可以以写论文的方式来进行考核的，而不是用考试的形式来考查他们。考试无非就是出个名词解释，出个填空题来让他们填，这个毫无意义。比如说这个填空要求填年份的，考生忘记了，他可以通过其他渠道很快就查到答案，就没有必要去死记硬背。思维能力的培养是很重要的，而这种考试制度恰恰不利于学生的思维能力、科研能力的培养和提高。

（2）学位论文

学位论文是研究生培养质量评价的最后一个环节。研究生能够完成学位论文是评判研究生是否能获得学位的最重要的评价指标。论文选题无疑是研究生撰写论文首先要考虑的部分，因为这个过程不仅关系到研究生能否参与答辩并顺利毕业的问题，对于未来打算从事科研活动或继续攻读博士学位的研究生来说，在很大程度上"决定他的专业将取哪一个宽阔的方向"①。在美国，研究生的学位论文选题的主要来源有：导师命题、校外赞助人预先决定、自己决定、科研团队的子课题任务等。根据调查结果来看，民族学研究生毕业论文的选题主要来源于（或可能来源于针对毕业论文未开题的 2010 级研究生）"自己感兴趣的主题"占 42.42%，其余依次为"导师命题或建议""导师的课题""自己申报的创新课题"以及"其他"方面（如表 3.26）。

表 3.26　　　　　　　　　毕业论文选题来源（或可能来源）

	频数	有效百分比（%）	备注
A. 自己感兴趣的主题	28	42.42	
B. 导师命题或建议	25	37.88	选 E 项主要考虑的因素：
C. 导师的课题	2	3.03	在导师及各位老师的引导
D. 自己申报的创新课题	5	7.58	下结合自己的兴趣选定。
E. 其他，请说明：＿＿	6	9.09	
合计	66	100	

调查进一步发现，影响民族学研究生毕业论文撰写的因素较多，其中"学术志趣"是主要影响因素，其次是"田野调查中的人力、物力和财力"，还有部分来自课程老师和自身的影响（见表 3.27）。研究生的学位论文一般都是在导师的指导下完成的，需要经过学术不端检测软件进行学术规范检测、双盲审和答辩等程序。导师的指导在研究生论文选题、论文开题、论文撰写、论文修改和论文定稿等过程中发挥关键作用。民族学导师对研究生的论文的介入并不是很多，例如有研究生谈道：

　　"毕业论文方面，我觉得导师要通过跟学生沟通，选择学生感兴趣的方面，有志向发展的方面，效果会更好"；"对于论文的撰写，我认为应该设置论文撰写的课程，有老师进行专门指导。"

―――――――

① ［美］伯顿·克拉克主编：《研究生教育的科学研究基础》，王承绪译，浙江教育出版社 2001 年版，第 142 页。

表 3.27　　　　　　　　　毕业论文撰写的主要影响因素

	频数	有效百分比（％）	备注
A. 田野调查中的人力、物力和财力	24	36.36	选 E 项考虑因素： 自身因素； 课程老师的影响；
B. 学术志趣	29	43.94	
C. 导师的影响	9	13.64	
D. 学校或学院的影响	1	1.52	
E. 其他，请说明：＿＿	3	4.54	
合计	66	100	

（三）民族学研究生培养特点分析

民族学研究生培养模式作为一个系统，在控制、协调、管理以及传输信息、能量交换等系统行为过程中，因内外部条件的变化，驱使系统本身走向"发展—建设—再发展"的超循环模式。在"发展"的过程中，必然依赖"优势"而"发展"，在"建设"过程中，必然因为"不足"而须"建设"。只有发现和改进"不足"，才能更好地建设；只有不断彰显和放大"优势"，才能取得更好的发展。

1. 民族学研究生培养的优势

第一，优质的学科平台。优质的学科平台为民族学研究生培养目标的实现提供了可能。个案学校民族学学科作为全国高校特色学科建设专业、自治区重点学科、学校龙头专业，形成了自己的优势和品牌，人才培养的基础和条件不断完善，较为合理的学科梯队，具有鲜明的学科建设特色、研究特色、教学特色、人才培养特色等，学科发展融合"民族性、区域性、国际性"特色，为研究生培养目标提供了价值导向。培养符合民族地区、北部湾经济地区、中国—东盟需要的高层次人才，成为民族学学科人才培养的努力的方向。从本学科的研究领域与成果、学科专业设置、研究生的培养方向等方面来看，便可得到论证。

第二，优秀的师资队伍。民族学拥有一支实力雄厚、研究领域广阔、研究特色鲜明的科研队伍。在西南、华南少数民族以及东南亚民族文化与历史等方面成果显著，在学界及促进区域社会发展等方面产生一定的影响。这为研究生的学术研究提供了研究基础，导师的研究领域是研究生延承与学习的对象，一般情况下，研究生的学习与研究兴趣会延续导师擅长的研究领域。民族学导师队伍中，知名专家学者甚有，学问做得好的年轻学者也有很多，同时民族学管理者与教师们还都十分重视教师团队力量的建设，这些优秀的师资队伍为研究生学习、教学、指导等各种培养活动的开展发挥着关键作用。

第三，充分的田野调查实践。田野调查是民族学学科方法的内在要求，它在民族学研究生培养过程中的作用是多元的。它既为研究生提供学术研究的方法论指导，也为研究生提供了参与社会实践的机会。可以帮助研究生搜集科研、撰写学术论文的第一手资料，也可以帮助研究生走出书斋，接触不同的人与社会，学习社会经验，开展社会交往，在社会化的过程中，通过参与民族地区或边缘贫困落后地区的艰辛生活，获得不同的社会感知、社会体验和社会知识。还可以提高研究生的适应能力、综合素质等，促进研究生的社会化。

第四，多学科知识背景的生源。随着社会对多样化人才的需求加剧，培养跨学科的高层次人才的呼声日益高涨。跨学科人才的特点是学科知识精深而广博，具有宽厚的综合学科知识背景。民族学各学科专业的生源，他们的学科背景多半为跨学科跨专业，具有较宽广的人文社会科学知识基础。这种多学科知识背景的生源，理论上，对本身作为交叉学科的民族学，包括民族经济、民族艺术、民族教育等专业的人才培养来说，是非常有利的基础。学科带头人及导师可以根据学生的特长及学科特点，有计划有目的地培养研究生的学术志趣及研究方向与特长，从而帮助研究生迅速适应民族学这门颇感"陌生"和"冷门"的学科，从而有利于提高研究生的培养质量。

第五，丰富的学术活动。充分而适量的学术活动是研究生成长的平台。培养单位应该尽量为学术型研究生提供学术研究能力训练和研究成果展示的舞台，帮助提高研究生学习、学术研究能力的提高。个案学校开展的学术演讲、田野调查和社会调查项目、学术沙龙、专题讲座、学术论文竞赛等活动，是研究生培养模式创新的重要组成部分，有效地激发了研究生学术研究的兴趣，培养了研究生的综合能力，尤其是学术科研水平。

2. 民族学研究生培养值得关注的领域

第一，培养方式与学术型研究生培养目标存在脱轨现象。由于个案学

校民族学还未设立"文物与博物馆学"专业硕士学位，因此民族学学科
下诸二级学科培养的研究生都是学术型硕士研究生。其培养的人才都应属
于掌握本学科坚实的基础理论和系统的专业知识，具有创新精神和从事科
学研究、教学、管理等工作能力的高层次学术型专门人才。然而，民族学
作为一门传统基础学科，除了强调在课程教学、论文撰写等方面的理论性
和基础性以外，似乎更加强调研究生各种学术活动的实践性。这种实践性
主要通过田野调查来实现。研究生的实践能力在田野调查的实践中得到强
化，其知识结构与能力素质更倾向于向应用型人才靠近，与要实现的学术
型人才的培养目标相悖。

　　第二，培养条件与研究生自主学习条件存在供需矛盾。个案学校民族
学无论在师资或是项目课题，抑或资金等方面，完全具备满足研究生学习
的需求。然而，目前存在导师指导与学生学习分离，学生科研或参与田野
调查经费和资源短缺等问题。研究生导师可能因忙于教学或做科研课题，
而无暇顾及研究生的学习，导致有些研究生抱怨导师缺乏沟通交流和相应
指导。另因田野调查是一项长期而艰巨的学习任务，需要耗费很多人力、
物力和财力，研究生时常由于缺乏相应的资源而不能很好完成田野工作。

　　第三，课程设置的固化与垄断。民族学诸二级学科专业的课程设置多
为本学科专业领域的课程，缺乏多学科及跨学科课程。在强调多学科视
野、方法和跨学科知识积累的今天，如果仅仅局限于本学科专业领域的理
论和方法的学习，势必会妨碍研究生学术视野的拓展，限制拓展性思维和
创新思维的培养，影响民族学研究生综合素质的提高。最终影响研究生教
育质量，影响研究生适应社会和工作岗位的能力培养。民族学的研究生大
多都有跨学科专业的知识背景，因此，为民族学诸学科专业尽可能提供跨
学科知识的选修课程，包容并传授其他学科的理论与方法，对研究生的学
术创新、科研素质及适应社会的能力的提高具有重要意义。这里引用访谈
研究生的两段话。

　　研究生 A："研究生的课程设置上应分清专业与跨专业学生的区别。
许多人读完研究生甚至还不明白学科的基本理论，我想这与研究生个人的
学习态度有很大关系，也与授课老师的方式和态度有关。首先，教师应先
调动跨专业学生对研究专业的兴趣，之后再系统地讲解该专业的理论知
识。这是非常必要的，许多老师喜欢将研究生视为自主学习的人，于是在

课堂上漫无目的侃侃而谈，这样的直接后果是使学生对专业只是一知半解，没有很大的收获。其次，研究生首要的目的是学，之后再研究，许多导师在这一方面应该先让学生吸收专业系统的知识，再放手让其进行课题或科研项目的研究，否则只会降低科研效果的质量。"

研究生B："不论你是哪个专业的都不能忘记你是在民族学学科下的学科，不能离开民族学这一学科背景。特别是中国少数民族艺术的研究生更不能离开这一点。如果从中国少数民族艺术的学科名称来看，应该与艺术的人类学学科定位相似，而不是艺术人类学。两者虽然只差一字，但学术视野差别很大。艺术的人类学关注、研究、解决的是有关艺术的人类学议题，它可能探讨的切入点是艺术，但最终关注、思考和解决的应该是人类学问题。如果站在这个角度上看，中国少数民族艺术专业的课程设置是存在问题的。但不是单独的课程设置问题而是一个整体培养问题。所以我的建议有以下几点：1. 研究生培养方式方面，最好由两位不同专业方向的老师共同担任导师。因为该专业要求学生必须同时掌握艺术学科和民族学学科背景。而实际上同时拥有两类学科背景的老师在本校、甚至中国并不多见。所以，如果学校寄希望该专业良性发展，应考虑让具备艺术学科与民族学学科背景的老师共同指导，以保证学生能正常地进行专业训练。2. 中国少数民族艺术是很大的学科框架。其中涵盖了几个学科。例如：艺术的人类学、音乐的人类学、舞蹈的人类学、戏剧的人类学等等。艺术的人类学其主要注重还是物质艺术（以美术为主）的层面，而音乐的人类学、舞蹈的人类学一类关注的则是非物质艺术的层面。这些特点也导致课程设置上会出现较大的差别，直接影响学生研究方向、兴趣以及最终毕业论文的撰写。我建议，应按照导师学科背景来分类，在课程设置上配合导师的特长开设课程以供学生按各自特长、兴趣选择课程。按这样的方式培养，才有可能让学生学到相应的知识体系，在浩瀚的中国少数民族艺术之中找到自己的兴趣点，在田野作业中具备专业的操作方法，在论文写作上体现出对于中国少数民族艺术专业研究者应有的洞察力。同时，也提供一个让学生与导师交流、学习的机会。3. 中国少数民族艺术的研究生特别是跨学科研究生应加重民族学的课程。民族学下设的中国少数民族艺术专业其实培养的是民族学的研究者，其研究最终目标也是向着为发展、壮大民族学理论而出发的。所以，非常有必要全面、系统地了解民族学史、民族学各阶段理论、民族学方法论、民族学田野理论与方法以及民族学亟需解决的问题等等方面的内容。这些内容不能用一个概述性质的课程就能解决掉。"

第四章 民族学学科研究生教育平台的搭建

学科平台的搭建是学术型研究生教育发展的基石。培养什么样的人才，就需要搭建一个什么样的学科平台；学科平台搭建的效果如何，影响研究生的培养水平和质量。学科建设是培养模式架构的重要因子，研究生培养模式的形成和创新与学科的建设和发展是并行不悖且"互生共长"的。这已经成为学位与研究生教育发展的普适性理念，也是未来学术型研究生培养创新的出发点与基石。

一 历史视域中民族学的学科发展

民族学是"以民族为对象探索民族发展规律的一门学科"①，民族学学科担负起培养民族学高层次人才的重任。由于国内外历史文化和政治社会制度环境的差异，20世纪初民族学传入我国以来，经历了曲折的发展之路。因此，从国际和历史的视野，对我国民族学及本研究所选择的个案进行历史梳理和比较研究，对认识民族学学科建设和发展的历史生态，揭示学科生发的一般规律具有重要意义。学科的生发不是无根之木、无源之水，任何一门学科的诞生与发展都有其特定的内外部条件和规律。民族学作为非中国本土学科，其在中国的建立与发展历程可以说是"艰难困苦，玉汝于成"。

（一）20世纪上半叶：中国民族学学科的发轫与拓展

民族学是诸多学科系统的一个组织细胞，这个细胞在经过从西方移植

———————————

① 张有隽：《张有隽人类学民族学文集》，民族出版社2011年版，第13页。

到中国后，开始了生长性的分裂，在近代中国落地生根。20 世纪早期，民族学作为一门独立学科在中国出现，这是经过学术领袖们的倡导和努力而形成的一大成果。1923 年，著名的教育家、曾担任过北京大学校长的蔡元培先生，先后出席了在荷兰、瑞典召开的国际民族学会会议。随后，他又接受德国民族学家但采尔的意见，去汉堡大学研究民族学，前后达一年之久。正是这一次与民族学的邂逅，使蔡元培后来写了一系列有关民族学的论文，并成为中国民族学创建者中的重要一员。1926 年，蔡元培在《一般》杂志第一卷第 12 号上发表了《说民族学》一文，这是一篇篇幅不长但对中国建立和发展民族学这门学科提出了重要看法的文章。在学术刊物上提出"民族学"这一术语，并对民族学下定义，这在中国是第一次。《说民族学》一文的发表和蔡元培关于民族学的鼓动和宣传，乃至于他的亲自操作，对民族学在中国作为一个独立学科的出现产生了重要的影响。① 事实上，把《说民族学》的面世认为是我国民族学作为一个独立学科诞生的标志，已经成为民族学界公认的事实。

　　20 世纪前 30 年为西方民族学的译介和宣传时期。这一时期，西方民族学的一些著作被翻译介绍到中国。比如"五四"后的潘光旦、吴文藻、吴泽霖、黄文山、杨堃、李济、凌纯生等青年学者留学归国后，他们在大学和学术机关宣传和介绍西方民族学，出版一些译著如《古代社会》（摩尔根）、《初民社会》（罗维）等。当时在这些"知识媒介"中，占据主流思想内容的主要是进化论学派。一些大学开设了民族学、人类学课程，一些学者用民族学、人类学的理论和经典概念解释中国的历史文化现象，培养了一大批民族学、人类学专门人才，如林耀华、费孝通等。20 世纪 20 年代末到 40 年代末，民族学从书斋走向田野，从理论研究走向实地调查的实践研究。1928 年，蔡元培任中央研究院院长，积极组织民族学实地调查研究。学者们对汉族和少数民族社会经济形态、政治制度、文化模式等进行了调查研究，出版了系列调查研究报告和著作，并先后在二十余所大学开设民族学、人类学课程，培养了一大批人才，这批年轻的学者同时成为了民族学领域的中流砥柱。并使得进化学派以外的传播学派、历史

<hr/>

① 《蔡元培与民族学（二十世纪中国少数民族备忘录④）》，《人民日报》2000 年 4 月 20 日第十二版。

学派、结构学派和功能学派等先后传入中国，其中功能学派占据着主导地位，深刻影响中国民族学的理论与实践研究，为中国民族学的长远发展奠定了基础。

民族学作为一颗"异地"的种子，移植到中国的大地上，无论在传播形式上，还是传播内容上，都在从单一逐渐走向多元化。经过 20 世纪上半叶的发展，民族学这个学科组织细胞迅速地"分裂"与"增殖"，不断发展壮大。

（二）20 世纪 50 年代：民族学中国化与马克思主义民族学的形成

民族学并非中国本土学科，而是缘于西方民族学的"移植"，常被视为"舶来品"。事实上，我国民族学在本土化和国际化的过程中，"中国特色"的民族学的"枝叶"在西方传统民族学的"枝干"上进行了对接、互生和共长，所以中国的民族学也常被认为是"中国特色"的民族学或马克思主义民族学。因此，在中国落地生根后的民族学，与其坚持认为是移植的产物，不如说是通过"嫁接"实现"中国化"了的"新学科"。

1949 年中华人民共和国成立后，民族学在中国的传播和发展进入了一个新的阶段。从 1952 年起，人类学被当作资产阶级伪科学予以取缔，民族学则按照苏联模式加以改造。1949 年到 1958 年，是中国马克思主义民族学全面形成时期，并为此后的发展奠定了比较坚实的基础。这一阶段在全国范围内开展了规模空前的民族识别、民族语言调查和少数民族社会历史调查工作，摸清了民族地区社会经济形态，为党和国家制定和贯彻民族平等、民族团结、民族区域自治等政策提供了科学依据。但民族学也因此而陷入了一个"误区"，就是缩小了自己的研究领域，把民族学研究"窄化"为纯少数民族研究。值得肯定的是这项浩大的工程无疑是世界民族学、人类学研究上的一次伟大壮举。随后，民族学被作为一门独立学科列入国家的《1956—1967 年哲学社会科学规划纲要》和《中国科学院规划任务书》中。

"民族学主要是为共产党和政府的民族工作服务，不过 20 世纪 50 年代最初几年，中国没有设民族学专业或单独建民族学系，而是在民族学院设立干训部以及在政治系和语文系培养有关方面人才。"① 中华人民共和

---

① 胡鸿保主编：《中国人类学史》，中国人民大学出版社 2006 年版，第 117—118 页。

国成立后，我国民族学的发展经历了一个曲折的发展过程，民族学人才培养工作"亦步亦趋"。为适应民族工作的需要，需要大批民族学人才参与到国家民族识别和民族学社会历史调查的工作中来。20世纪50年代初，不少高校成立了民族学系或人类学系或民族学、人类学研究所。在周恩来总理的主持下，1950年11月24日，中央人民政府政务院第60次会议批准了《培养少数民族干部试行方案》和《筹办中央民族学院试行方案》。《培养少数民族干部试行方案》明确提出："为了国家建设、民族区域自治与实现共同纲领民族政策的需要，从中央到有关省、县，应根据新民主主义的教育方针，普遍而大量的培养各少数民族干部。"《筹办中央民族学院试行方案》也规定：为国内少数民族实行区域自治以及发展政治、经济、文化建设培养高级和中级干部。因此，培养少数民族干部成为以后民族院校的办学方针与根本任务。从中华人民共和国成立初期到1965年，先后建立了云南民族学院、广西民族学院、西藏民族学院等10所民族院校。这些民族院校也主要以培养少数民族干部为办学方针，培养民族地区经济社会发展需要的人才。1955年至1964年先后召开了四次全国民族学院院长会议，主要强调了"培养政治干部为主，技术干部为辅"的办学方针。

　　在这十多年间，民族院校为国家和民族地区培养了数以万计的干部，这种以培养少数民族政治干部为主的办学方针指导着民族高等教育的发展道路，各民族院校的民族学、人类学系所在教学和人才培养方面发挥了积极的作用。这些教学科研机构的成立，促进了民族学专业人才的培养。这一时期中国民族学的主要任务就是把少数民族及其文化、汉民族、跨国民族、民族区域自治制度等作为研究对象，对这些领域进行相关理论与实践研究。民族学工作者作为研究工作的中坚力量，他们大多深入少数民族地区，进行实地调查研究。例如，1950年林耀华和陈永龄带领燕京大学、北京大学、清华大学等大学社会学系师生到内蒙古呼伦贝尔大草原，对蒙古族和达斡尔族社会历史进行调查，费孝通、李安宅、林耀华等对贵、藏地区的少数民族进行了调查研究等。为了适应民族工作的需要，1952年中央民族学院专门成立了研究部，集中了清华大学、燕京大学、辅仁大学、中山大学等部分大学和科研机构的有关专门人才，开展研究工作，主要是民族识别的调查研究和民族学基础研究。这些实地调查和研究工作在很大程度上推动了民族工作的开展，培养了一批具有国际视野和实践经验的民族学人才，推动了民族学学科的建设和发展。

1952 年初，中共广西省委、省人民政府根据政务院的两个方案，决定创办中央民族学院广西分院，由省民政厅、省民委主持筹建工作。1953 年，开始招收初中班学生入学，同年 7 月，根据中南民族委员会对中南地区少数民族进行全面调查研究的安排，设立了广西民族学院教研室。1956 年，广西分院开始招收高中班学生，同年，学院从教研室抽出部分人员组成了民族问题研究室，专门负责民族调查研究和民族问题与民族政策课程的教学工作，直属学院领导。然而，1957 年 6 月，中共中央发出《关于组织力量反对右派分子进攻的指示》，"反右派"运动开始。一些民族学家在民族学研究领域的辛勤工作受到批判，认为不少人脱离政治、脱离群众、脱离实际的错误倾向较为普遍。以后，政治批判逐渐代替了学术批判。在"反右"斗争中，许多与民族学学科有联系的"右派"分子的罪行之一就是提倡"资产阶级社会学"，"资产阶级民族学"同时也受到了批判。

1958 年 3 月，反浪费、反保守的"双反"运动在知识分子中开展起来，其锋芒主要指向教学和科学研究，认为，学校里最大的浪费就是造就的人才不红不专，于是配合全国的运动，开展有关又红又专问题的辩论，许多民族学家检讨了自己在政治上和工作上的错误，表示了要又红又专的决心。是年夏天，在民族学界又开展了一场"拔白旗""插红旗"的运动。这一运动被看作民族学的教育和调查、研究中两条道路的斗争，是"一场坚决捍卫马列主义民族学，彻底揭发资产阶级民族学、社会学的大论战"，将批判"资产阶级民族学"作为民族学界的运动开展起来。[①] 当时《民族研究》杂志发表的《两年来少数民族社会历史调查工作的基本总结》一文中说："我们要为社会主义服务，就必须消灭资产阶级的思想，树立无产阶级的思想……破资产阶级民族学，立马列主义民族学。"在《中国科学院民族研究所在京成立》的学术动态文章中有这样一段记载："民族研究所是我国有关少数民族研究工作的中心……民族研究所的

---

① 王建民、张海洋、胡鸿保：《中国民族学史 下卷（1950—1997）》，云南教育出版社 1998 年版，第 187 页。

主要业务范围暂定三项，即民族问题、民族学和民族史……民族学：主要是关于中国少数民族的民族识别、社会性质的演变、文化和生活特点及少数民族宗教的研究。"① 尽管马克思主义民族学在 20 世纪 50 年代就被提上议程，不过接下来的十年，民族学陷入囹圄，被当作"资产阶级伪科学"赶出了大专院校和研究机构的大门之外，民族学人才培养受阻。在这样的社会背景之下，1958 年广西民族学院民族问题研究室被撤销，民族学学科发展及人才培养受到"株连"。

（三）20 世纪六七十年代：民族学学科发展的艰难历程

"在外界刺激、内部纷争和管理失误的综合作用下，每个机构都会经历危机。"② 民族学方面，1966—1976 年，由于十年"文革"，特殊时期和残酷的历史现实不仅剥夺了民族学作为知识载体来传授知识的权力，大学里的民族学、人类学系等民族研究机构被撤销，连在民族识别等问题上发挥重要作用的少数民族研究也遭到禁绝，被迫陷入停顿状态。全国的民族院校除中央民族大学和广西民族学院以外，全部被撤销，民族院校的学科建设发展和人才培养受到严重冲击。

（四）改革开放以来：民族学学科的重建与发展

1978 年十一届三中全会以来，我国实施改革开放政策。伴随改革开放的新局面，教育逐渐走上了改革与现代化之路，我国民族高等教育也开始进入了一个复苏的春天。原来被停撤的民族院校开始复办，在民族地区兴建了一批高等院校，如广西新建了右江民族师专、南宁师专等。一些民族地区的大学、师范学院、民族学院还成立了一批民族高等教育研究所等科研机构，以更好地适应与满足新时期民族文化教育与社会经济发展的需求。

民族学作为民族院校里的一个重要学科，"'文革'以后，民族学仍以苏联为样板，走上了恢复和发展之路，在摸索的道路上阔步向前。20

---

① 金天明、杨庆镇：《当前我国民族学的特点和任务》，载《民族学研究第一辑——首届全国民族学学术讨论会论文集》，1980 年，第 71 页。

② ［美］莫顿·凯勒、菲利斯·凯勒：《哈佛走向现代：美国大学的崛起》，史静寰等译，清华大学出版社 2007 年版，第 444 页。

世纪 60 年代，中国仍然沿袭 50 年代的苏联'人类学科学'模式。70 年代学校重新开放后情况还是如此，因为他们当时没有美国模式可循"①。"20 世纪 50—70 年代是个重灾区，所以我认为目前（指 20 世纪末 21 世纪初）中国民族学人类学仍然处于一个恢复发展阶段。新一代的人类学硕士、博士正在培养，有些已崭露头角，涉及了一些老一辈人类学家还没有去做的领域，大学里民族学人类学的教学机构都在恢复、发展，研究成果不少，会议也在不断地开，圈子阵容不断增强，不少原来不从事人类学研究的人认同了人类学，参加了人类学的队伍，大陆与港、台及国外的交流不断增加。总的趋势是好的，但道路仍然艰难。"②

20 世纪 80 年代初，我国颁布实施《中华人民共和国学位条例》，开始实施学位制度，分别在一些高等院校、科研院所建立了民族学、人类学博士点和硕士点以及博士后流动站，为我国培养了大批高层次的民族学、人类学专门人才。随着改革开放的不断深入，我国民族学从"引进来"开始"走出去"，加强了民族学的国际交流，民族学人才培养走向国际化。伴随 20 世纪 90 年代的经济体制改革和社会结构的转型，民族学人才培养的方向随之进行了适应性调整，以满足经济社会发展的需求。21 世纪，民族学为了促进自身更好地发展，不断加强学科建设，完善理论方法，转变人才培养方式，为我国现代化建设输送各类高级专门人才。改革开放三十余年来，在开放性原则的关照下，在民族地区经济社会对该专业领域人才需求的刺激下，民族学又获得了重生。民族学经过重建，必然会从过去的坎坷中迈过，从一门隐性学科走向显性学科，应特殊使命而发展繁荣。

（五）后发展时期：民族学学科地位的澄清与维护

民族学学科得到重生后，一些根本性问题仍需得到解决。要回答民族学人才培养目标与方向的问题，首先必须要回答中国民族学、人类学学科

---

① 顾定国：《中国人类学逸史》，周燕、胡鸿保译，社会科学文献出版社 2000 年版，第 169 页。

② 张有隽：《重视人类学理论建构的探讨：中国首届人类学高级论坛观察员评论和总结摘要》，原载于《广西民族学院学报》（哲学社会科学版）2002 年第 4 期，转引自张有隽：《张有隽人类学民族学文集》，民族出版社 2011 年版，第 77 页。

地位问题。在民族学学科恢复建设和发展时期，关于民族学、人类学学科地位问题一直是学界争论的焦点话题。因为倘若两者地位不确定或不稳固，必然影响民族学基础研究及其学科发展和人才培养。

改革开放以来，社会环境得到极大改善，学者们在一个开放的学术环境中探讨学术问题，迫不及待地去发现问题、探究问题，为真理辩护、为科学献身。可谓"学术争鸣，百家齐放"。关于民族学学科地位问题，香港中文大学人类学系乔健先生在他的《中国人类学发展的困境与前景》和广西民族大学原民族学人类学研究所所长张有隽先生在他的《关于中国民族学、人类学学科地位问题》① 等文中都有深刻讨论。前者认为："目前中国内地学术界对人类学与民族学这两个名称的界定与涵盖范围并没有一个共识，名称混乱，不论人类学也好，民族学也好，都未能在国家教委核写的专业名单上获得明确的地位"，新学科的发展遇到不少阻碍。后者对前者的观点也表示认同，并指出因为"中国人类学、民族学目前的地位的不确定性和不稳固性，必然妨碍大学里人类学系的建设和人才培养"。目前在我国大学里，人类学系寥若星辰，有的大学想建立人类学系，却由于学科地位不明确、毕业生难就业、学者对名称有不同看法等种种原因建立不起来，因而合格的人才难以培养出来。它表明：学科名称对一个人怎样做学问确实也许不怎么重要，但对国家的一个学科建设和人才培养来说，却是至关重要的。② 针对学科地位的模糊性问题，张教授从中国民族学、人类学未来发展的可能性作出了分析，他认为：克服中国人类学发展的困境，确立中国人类学正确的学科地位，并不是否定民族学，更不是否定马克思主义的指导地位，盲目接受一切文化思想。因此他就民族学学科地位的问题上从方法论上提出，必须要克服两种错误思想："一种是封闭的、保守的、盲目排外的思想，在这种思想指导下，作茧自缚，无异于自杀；一种是妄自菲薄，主张盲目地吸收、搬用西方一切理论、概念，而不分好坏，问是否适合我国国情，这同样只能把事情弄坏。"③

我们认为，无论是以民族学相称，或是以人类学为名，这并不影响一

① 张有隽：《关于中国民族学、人类学学科地位问题》，《广西民族学院学报》（哲学社会科学版），1995 年第 3 期。

② 同上。

③ 同上。

个学科知识范畴本身，何况前辈们的智慧已经很好地解决了这一难题。我们可以在民族学人类学的知识库中任意选择知识、学习知识。我们需要努力的，是如何更好地加强民族学学科建设，如何确立民族学人才培养目标等，如何为未来民族学知识的传承、学科建设培养接班人，这是人才培养主体所不能忽视的问题。

（六）整体反思：内外部环境对民族学学科组织的影响

一个组织的发展必然受到组织内外因素的影响和制约。内外部环境的变化，会激发组织系统的结构、功能等的变化，从而引发组织自身的变革，或进行调整适应，或抗争捍卫，或改革发展。个案学校民族学学科作为组织形态的学科，在民族学学科发展的大环境背景下，经过历史的洗礼，重新获得发展。当地民族及学校学生民族构成状况、社会需求对人才培养理念或模式的导向、文化教育资源对学科建设的基础性作用等，都是一个组织系统所必须权衡考虑的发展要素。民族学学科组织要发挥人才培养、科学研究和社会服务的功能，就需要进行内部组织的变革和面对外部环境变迁的调整和适应。如果组织内部缺乏创新，就没有发展；如果组织外部不能提供支撑条件，学科组织就成了沙漠中的小草，奋力生长却永远渺小。民族学学科的发展不仅需要外部环境提供生存的土壤，更需要自身的组织变革，无论是渐进式的改良或突进式的改革。

二　学科方向的分形与聚形

如前所述，个案学校民族学学科专业是由当初的课程发展而来的，并伴随人才培养工作的循序渐进，演变为能招收硕士研究生的民族学一级学科，并发展为博士点建设学科。民族学学科发展有自己的规律可循，即分形与聚形的结合。

该校民族学 1998 年获得硕士点，并于翌年正式招收、培养 4 名硕士研究生，但没有设立其他研究方向。2000 年，民族学专业根据学科性质和社会对人才的需求开始设置不同的研究方向，包括民族经济学、瑶族的历史和文化、文化人类学、民族地区行政管理、少数民族科技史。2001年设置的研究方向有：民族经济学、壮傣各民族与东南亚相关民族、民族问题与宗教问题、文化人类学。2002 年，在 2001 年基础上增设了跨国民族与民族法制等 2 个研究方向。2003 年设置的研究方向有：民族学、壮侗语族诸民族与东南亚相关民族、华南与东南亚民族文化变迁、华南少数民族经济史、少数民族科技史、民族经济、文化人类学。2004 年民族学专业设置的研究方向有：壮侗语族诸民族与东南亚相关民族、族群关系（跨国民族）、文化人类学，民族教育；2008 年的民族学在以前的基础上增设民族法学研究方向；2009 年把民族教育改为民族教育与经济。

　　2003 年获得中国少数民族史专业硕士点（2004 年开始正式招生）以来，中国少数民族史研究方向的设置一直比较稳定，主要设有 3 个研究方向：壮学研究、华南与东南亚民族社会文化变迁、华南与东南亚族群关系和文化史等；同样在 2003 年获得硕士点的马克思主义民族理论与政策专业硕士点的研究方向也比较稳定，主要设置了民族问题与国家安全、当代民族政策、宗教与民族、民族法制、民族区域自治制度等研究方向。2008 年把民族法制与民族区域自治制度两个研究方向结合，设置了民族法制与民族区域自治制度这个二合一的研究方向，同时增设 1 个研究方向为马克思主义民族理论中国化发展与创新研究。2007 年、2008 年中国少数民族经济的研究方向有：民族经济与文化、民族区域经济、民族旅游经济，2009 年又增设民族地区经济发展、民族地区对外经济贸易合作等两个服务民族地区经济发展需要的两个研究方向。2007 年中国少数民族艺术招收硕士生以来，设置的研究方向主要有 3 个：壮侗语族与苗瑶语族的文化艺术研究、华南与东南亚民族的文化艺术研究、华南与东南亚民族的艺术美学研究等。至此，个案学校一级学科的民族学及其下设的 5 个二级学科都获得了硕士点，而每个学科专业都根据自己的学科特点和社会需求设置了自己的研究方向，不断提升民族学学科的整体实力，促进民族学学科组织的建设发展。

　　从系统论的视角来看，民族学学科及研究方向的拓展是紧密相关的，我们从民族学研究方向的增设与裁减以及学科专业硕士点的获得的情状，可以寻觅到民族学学科专业及其研究方向成长的生态轨迹：通过学院领导及学科带头人的管理谋划与学科规划，民族学学科设置的研究方向每隔 3 年便有两个研究方向发展成为民族学一级学科下的二级学科硕士点。2003 年马克思主义民族理论与政策、中国少数民族史等专业硕士点的获得，以及 2006 年中国少数民族经济和民族艺术专业硕士点的获得，使得原来民族学下设的研究方向得到质的提升，研究方向演变为可以招收研究生的学科专业，民族学可以招收硕士研究生的面越来越广。同时，由于学科专业结构的调整，又加快了各二级学科下的研究方向的分化，每个二级学科又可以设置不同的研究方向，维系着学科组织的生态持续发展。

诚然，这些研究方向不是任意设置的，而是根据学科专业的特点、师资特点以及社会对人才的需求而设定的，在某种程度上，反映了社会分工的横断面。例如对民族地区行政管理方向与民族教育、民族经济方向的设置，反映的就是同一历史时期，社会对人才需求的差异化。在同一历史时期，不同产业部门对专业人才的需求是不同的，有的需要民族经济人才、有的需要民族管理人才、有的需要民族教育人才。从科学发展的历史来看，科学发展是"一个不断分化又不断综合的过程，随着知识的发展，科学门类越分越细，边缘科学交叉科学又大量出现。边缘科学交叉科学的出现，以新的形势使科学继续分化，又为学科的综合化奠定了新的基础"①。

民族学通过这种"分形"或"派生"的形式，使民族学学科群建设实现了建设目标，形成了一种组织生态发展的"扩张"方式。如同一棵大树的生长一样，民族学依托唯一的一个二级学科硕士点，然后设置诸多有利于发展为二级学科或专业的研究方向，经过一段时间的"生长发育"，长成为大树的"粗枝干茎"，即二级学科或专业，而它们又分裂为更多的研究方向等诸多"枝叶"。

我们用逻辑的形式把民族学学科方向及学科发展的生态表示为："民族学课程——民族学专业——民族学学科硕士点——民族学各专业研究方向——5 个二级学科硕士点、2 个支撑二级学科硕士点——民族学博士点建设学科——设置民族学博士招生专业和研究方向……"。同时可以简化为一种简约的"学科专业—方向—学科专业"扩张模式："学科专业——方向——层次升级后的学科专业——新设置更多新的研究方向……"（如图 4—1）；或者简化为一种简约的学位点的扩展模式："二级学科硕士点——一级学科硕士点——一级学科博士点……"（如图 4—2）。

---

① 黄济：《教育哲学通论》，山西教育出版社 2009 年版，第 474 页。

图4—1　民族学"学科专业—方向—学科专业"扩张模式

民族学学科发展体现的是一种系统生成与演化模式，遵循"一分为二"与"二合为一"的统一，体现"分形"与"聚形"、"分化"与"综合"的逻辑统一，是整体发展与局部发展共生共进的统一。学科发展具有发展的特殊规律，只有遵循它，利用它，才能促进学科本身的发展。个案学校民族学学科组织的"扩张"模式，正是遵循自我发展的特殊规律的体现，具有自己的优越性。譬如，在教育资源十分有限的情况下，学科组织自身无法直接依赖大量教育投资而又必须使学科得到建设发展，这种模式的优越性就会得到体现。它遵循的是一种循序渐进的方式，在渐进发展的过程中，充分利用有限的教育资源，恰当处理了整体与部分之间的关系，使得学科组织在有限的时空环境中良性生长。

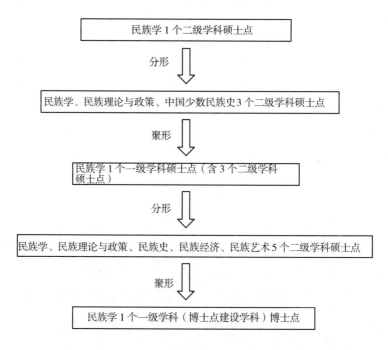

图4—2　民族学学科发展的学位点扩展模式

三　从重点学科到特色学科

　　高等学科建设重点学科，是关系到高等学校的人才培养水平和科学研究水平提高的重要问题，一所高等学校在国内国际所处的地位，不仅决定于它所培养的高级专门人才的数量和质量，也决定于它所具有的重点学科的数量、特色和优势。[①] 建设重点学科、特色学科，不仅是为了提高研究生教育的质量，同时，它又是高等学校一项具有深远意义的战略任务。

　　20 世纪八九十年代是民族学恢复和重建时期。个案学校民族学学科紧紧抓住这个机会，加强学科建设和人才培养，学科层次、特色和质量得到不断提升。1995 年 12 月 30 日，广西壮族自治区人民政府桂函 [1995] 12 号文《关于同意〈广西壮族自治区 "211 工程" 建设纲要〉的批复》，批准广西教育委员会制定的《广西壮族自治区 "211 工程" 建设纲要》（以下简称《建设纲要》）。《建设纲要》规定："在 2000 年内，将广西大学列为自治区重点大学进行建设的同时，在自治区内五所大学选择 17 个学科作为重点学科加以建设。其中，广西民族学院民族研究所的民族学被列为我区 17 个重点学科之一。"[②] 2008 年，民族学专业又被评为国家级特色专业建设点。个案学校民族学作为我国民族学学科整体中的一个细胞，在大学的襁褓中孕生和发展，经历了 "从无到有，从有到 '重点'，从 '重点' 到 '特色'" 的过程。究其原因主要有以下几个方面。

（一）区域发展对学科人才的迫切需要

　　首先，广西民族问题研究，需要民族学学科的发展壮大。广西是一个少数民族聚居的地区，拥有我国人口最多的少数民族——壮族，共有包括壮族在内的汉族、瑶族、苗族、侗族、仡佬族、京族等 12 个世居民族，此外还有满、蒙古、朝鲜、白、藏、黎等 40 多个其他民族成分。全自治区普查登记的常住人口中，汉族人口为 2891.61 万人，占 62.82%；各少数民族人口为 1711.05 万人，占 37.18%，其中壮族 1444.85 万人，占

---

①　潘懋元：《新编高等教育学》，北京师范大学出版社 1996 年版，第 523 页。

②　参见张有隽《张有隽人类学民族学文集》，民族出版社 2011 年版，第 13 页。

31.39%。在全自治区总人口中，汉族人口为 3201.90 万人，占 62.06%，比 2000 年增加 287 万人，增长 9.8%；各少数民族人口为 1957.56 万人，占 37.94%；壮族人口为 1658.72 万人，占 32.15%。[①] 广西还是全国瑶族人口最多的地区，约有 150 多万人，约占全国瑶族总人口约 60%；是全国仫佬族人口最多的地区，有 17 万多人，约占全国仫佬族人口的 90%；环江毛南族自治县是全国唯一的毛南族自治县，也是我国毛南族最大的聚居区，有 7 万多人；广西是我国京族唯一的居住地，京族人口 2.15 万人，是我国最富裕的少数民族之一。广西的 12 个世居民族，除回族使用居住地的汉语方言外，均有自己的语言，分别是汉语、壮语、瑶语、苗语、侗语、仫佬语、毛南语、京语、彝语、水语、仡佬语。广西的这种由多民族构成的大家庭，拥有历史悠久的传统文化，这种包括民族结构、民族语言、民族经济、民族科技、民族文化、民族传统体育、民族宗教、民族风俗等自然与人文情状，以及绚烂多姿的少数民族多元文化，都需要民族学的科学研究，需要民族学培养高级专门人才，以传承和发展地域文化，服务地方科技、经济和社会。

其次，广西地方经济社会发展，需要民族学培养高层次人才。广西少数民族由于历史原因和客观条件限制（如边远石山地区等），少数民族的社会与经济的发展较东中部发达地区落后。要解决贫困问题，必须加大对民族地区经济发展研究的力度，必须培养一批民族经济、管理研究的高级人才。比如，民族研究所曾在过去的研究中曾提出石山地区扶贫攻坚的策略，受国务院有关部门采纳，对推动民族地区经济的发展起了较好作用。

再次，广西"民族性、区域性与国际性"的地域特征，需要发展广西的民族学学科。广西少数民族与东南亚各民族在人种、语言、历史等方面关系密切，有许多问题未弄清，这些问题不仅包括学术上的，也有涉及国家利益的。广西与南亚和东南亚国家或山水相连，或隔海相望，民族相近或相同，双方的许多民族很多都是"同根生"的民族，其在传统文化（主要是儒家文化）、宗教信仰、节日风俗等方面很相近，很大程度上表现出文化多样性与同一性的统一。如何依托大西南，借助东南亚先进的经济技术力量，促进我区经济建设的跳跃式发展，是需要广西长期研究的重

---

① 　资料来源于《广西壮族自治区 2010 年第六次全国人口普查主要数据公报》。

大研究课题，通过加强民族学学科建设，在现有基础上，集中一定的人力财力，加大研究的力度和深度，弄清周边国家的民族政策和经济政策，提出相关的民族政策，经济发展战略，将促进广西区域的经济和社会发展。广西与南亚、东南亚人文关系非常密切。"西南沿边的云南、广西的许多民族与东南亚多个民族有着亲缘关系。如缅甸的掸族与云南的傣族是同一民族，老挝的主体民族越族与我国境内的京族是同一民族，越南的岱族、侬族与广西的壮族是同一民族。"① 譬如，关于广西等西南边疆省区的少数民族与东南亚民族的关系研究，我国著名学者也是个案学校资深教授范宏贵教授在《同根生的民族：壮泰各族渊源与文化》② 一书中，用语言学、考古学、历史学、民族学、民俗学、宗教学、体质人类学、文字学等多学科综合研究的方法，严肃而有趣地阐明了我国壮侗语族的壮、布依、傣、侗、仫佬、毛南、水、黎等 8 个民族，越南的岱、侬、泰、布依、热依、佬、泐、山斋、拉基、布标等 10 个民族，老挝的佬、普泰、泐、润、央、赛克等 6 个民族，泰国的泰、佬族，缅甸的掸族，印度的阿洪人的渊源与迁徙，解开了困扰国际学术界 100 多年的难题。可见，民族学的发展不仅关系到地方经济社会的发展，在历史、民族问题上更具有不可替代的作用。

当然，加强广西民族学学科建设，不仅在学术上，而且在政治上，对广西的社会经济发展有重大的现实意义。历史上泰国某些统治者将我国壮侗语族诸民族与泰族及其他相关民族称泰族，妄图建立"大泰族联邦"；越南亦有人宣称洞庭湖以南的地方是越南故土。法国殖民当局统治印度支那时曾建立所谓的"苗瑶自治国"。西方一些国家还把广西定为策动动乱的重要地区，加紧进行渗透。这些敏感现象与问题，都需要我们加强研究，加强民族团结教育，培养民族教育师资和科研型人才。而个案学校民族学在这方面的研究在全区及全国有较大的优势和影响。

（二）良好的学科基础提供了上升平台

民族学学科作为学校的龙头学科，离不开老一辈学者、教师及管理者

---

① 黄定嵩：《中国—东盟自由贸易区与西南民族经济》，民族出版社 2004 年版，第 137 页。

② 范宏贵：《同根生的民族：壮泰各族渊源与文化》，民族出版社 2007 年版。

为学科建设付出的努力和艰辛。比如张有隽教授、范宏贵教授、万辅彬教授、徐杰舜教授、周光大教授等，还有已经去世的陈衣、姚舜安、程方等老先生。他们为广西民族大学民族学人类学研究所建立和发展做了巨大贡献。经过前辈们和老教授的长期努力，民族学学科在学科建设、师资队伍建设、图书资料、科研、人才培养等方面取得了诸多成果，这为学科的发展打下了坚实的基础。有了基础，学科的发展就等于是"有本之木""有源之水"。20世纪90年代后，民族学学科领域又涌现出了一批中青年学科带头人。他们精力充沛，充满智慧，抱着满腔热情，继承了前辈的优良传统，在巩固传统研究领域的同时，发挥自己的优势，不断开拓新的研究领域。近几年，学科组织又送培和引进了一批年轻的博士、教授，师资梯队结构进一步完善，继续牢固学科发展的基础。

（二）不同发展阶段及时把握住发展机遇

民族学在高校真正兴起的时间，是20世纪80年代初。当时在高校创办了很多民族学系、人类学系。然而，广西民族大学在这个时期、这个方面失去了很多发展机会。过去广西民族大学的办学层次定位不高，满足于培养少数民族干部，办学结构和功能都比较单一。直到90年代，学校开始认识到学科建设和提高办学层次的重要性。民族学学科把握住了机会，紧跟学校办学目标与发展规划，在每次的硕士点申报中都能够顺利过关。例如：1998年，民族学作为第一批硕士学位授权点进行申报，并获得了硕士点；2003年获得马克思主义民族理论与政策和中国少数民族史硕士点；2005年获得民族学一级学科硕士点，同时获得了社会学和专门史两个"嫡系"的硕士点。可以说，民族学每一次申报硕士点都紧紧把握住了机会，每次的成功又为下一次成功奠定基础和提供平台。

（三）积聚学科精英和凝结团队精神

打造强大的团队力量是民族学学科建设和发展的优良传统。在学科组织中，鉴于专业横向设置的扩展，民族学及时扩充了师资队伍。最初本学科教职工数只有几个人，后来10多个人，发展到民族研究所时期的36人，并开始有硕士生导师4人，教授7人，副教授9人，讲师 11 人。当时的学术带头人有张有隽、范宏贵、徐杰舜、李甫春等教授，他们都是享受国家特殊津贴的著名学者。现在民族学的学科梯队更加完善。目前，民族学所属组织民族学与社会学学院现有教职工 53 人，其中专任教师 45 人，教辅人员 8 人。在学院专任教师中，根据职称情况来看，具有教授（研究员）职称人员为 20 人，副教授职称人员为 17 人，讲师职称人员为 8 人；根据学位情况来看，22 人具有博士学位，9 人具有硕士学位，其余 14 人具有本科学位；根据年龄层次来看，35 岁及以下 8 人，36 岁至 45 岁 21 人，46 岁至 55 岁 11 人，56 岁以上 5 人（详情见表 4.1）。同时，在民族学学科队伍中，还有博士生指导教师 3 人，硕士生导师 23 人，广西有突出贡献科技人员 3 人，广西十百千人才 1 人，广西"八桂学者"1 人，广西优秀教师 1 人，广西高校人才小高地创新团队 1 个（中国南方与东南亚民族研究创新团队），国家级教学团队 1 个（民族学教学团队），广西教学团队 1 个（民族理论与民族政策）。

民族学与社会学学院民族学学科建设之所以能够"节节攀高"，离不开团队的共同协作。现在民族学与社会学学院已经形成了民族学、历史学和社会学三大团队，各团队的梯队力量不断增强，大家分工合作共同攻关。在民族学学科方面，民族学学科带头人周建新教授，是中国与东南亚跨国民族问题研究的知名专家，先后被评为民族学自治区级学科带头人、"广西新世纪十百千人才""八桂学者"，其研究成果在国内民族学界有较大影响。李富强、玉时阶、龚永辉、秦红增、谢崇安等学者，分别是"壮学""瑶学""西南民族地区社会稳定与发展"和"族群与区域文化""中国西南与东南亚民族艺术"等研究方向的带头人，在各自的研究领域亦有颇多建树。比如，玉时阶教授负责民族史和瑶学中心的学科建设任务，龚永辉教授负责民族理论与政策和国家精品课程的建设任务，李富强教授负责民族经济和壮学中心的建设任务，谢崇安教授负责民族艺术的学科建设任务。另外，秦红增教授负责社会学的学科建设任务，王柏中教授负责历史学的学科建设任务。尽管社会学和历史学研究及其人才培养不同于民族学，但他们的科研成果对民族学博士点申报、建设发挥着重要支撑作用。

表 4.1　民族学与社会学学院民族学学科教师年龄、学位与职称结构（单位：人）

专业技术职务	人数合计	35 岁以下	36 至 45 岁	46 至 55 岁	56 至 60 岁	60 岁以上	具有博士学位人数	具有硕士学位人数
教授（或相当专业技术职务者）	20	—	9	6	5	—		
副教授（或相当专业技术职务者）	17	3	9	5	—	—	22	9
讲师（或相当专业技术职务者）	8	5	3	—	—	—		
合计	45	8	21	11	5	0	22	9

（四）树立学科优势和特色

广西壮族自治区人民政府在批文（上述桂函［1995］12 号）中指出："广西'211 工程'的实施，是科教兴桂战略的一个重要步骤，对于提高全区高等教育的水平，加快高级专门人才的培养，促进科学技术和文化的发展，增加全区综合实力和竞争能力，保证全区现代化建设第二、第三步战略目标的实现，具有重要意义。"《建设纲要》关于民族学（广西民族学院）部分时指出："广西是多民族的自治区。民族问题关系到我区政治稳定、经济发展、社会进步和民族团结。近年来，该学科在民族学研究方面取得一批优秀成果，今后其研究方向主要是以壮族为主的少数民族的民族历史、民族文化、民族教育、民族经济、民族人口素质、民族政策等，成为壮族和其他少数民族的研究中心。"[①]

民族学立足广西，抓住学校"民族性、区域性和国际性"的办学定位，对传统的"壮学、瑶学"研究不断深化，同时拓展"中国南方与东南亚跨国民族""边疆稳定与发展""民族团结"以及"区域经济"和"东盟学"研究等方向，把握学科发展、科学研究的定位，选择具有自我

---

① 张有隽：《张有隽人类学民族学文集》，民族出版社 2011 年版，第 14 页。

优势的研究领域明确。比如，当时民族研究所在申请广西壮族自治区重点学科之时，将本学科点发展方向拟定为："（1）壮族、瑶族等中国南方民族与东南亚相关民族的历史与文化；（2）华南民族问题与我国的民族政策，及我国南方周边国家的民族问题和民族政策；（3）广西民族地区经济发展及对策、广西周边国家民族经济问题及其对策。"① 显然，这种定位是从民族学自身条件和内外部环境因素考虑的。这些研究方向对于广西来说，具有重要历史研究价值和民族问题研究的现实意义。相比中南民族大学、西南民族大学来说，这些研究方向的设置是非常有民族区域特色的，而对于它们来说，倘若选择上述几个方面作为主要发展方向，则是没有优势的，也是不明智的。总之，这是区域地理环境和人文环境及当时民族学师资的研究取向共同决定的。

（五）打造学科品牌

有了特色，并不是民族学学科发展的终极追求。民族学要想在国内外获得声誉和地位，还必须提升自己的"品牌"，做到特色与质量的统一。鉴于此，民族学在教学、科研和高层次人才培养等领域继续努力。民族学积极发展包括本专科、硕士生、博士生在内的民族学、民族经济、民族史等学科的教学体系，培养具备民族学系统知识的民族工作者，以及从事民族学人类学教学科研的高级人才，而培养民族学最高层次的人才的愿望已经在 2009 年取得较大进展。2009 年民族学获准成为博士学位授权建设学科，而 2010 年民族学所属组织与中山大学合作，建立了一个博士后流动站科研基地，并招了 2 名博士后，可谓实现了跨越式发展；逐渐建立起较为系统完整的广西与东南亚民族图书资料中心和设备先进的民族声像资料库；致力于建立和发展广西与东南亚民族学（人类学）民族经济教学考察、实验、文物展览基地，例如影视人类学实验室实现了省部共建；编纂出版了一些具有国际水准的广西与东南亚民族学、人类学研究著作；积极开展国内外学术交流，与国内外科研机构建立了比较稳固的交流与合作关系，最终形成具有国际水平的广西与东南亚民族科研、教学、信息服务、政策咨询中心，例如，民族学一直

---

① 参见广西民族大学民族研究所《重点学科申请书》。

在打造的"中国与东南亚民族论坛"① 国际会议交流平台，受到同行积极的肯定。该学科组织已经获得了"壮学""瑶学"两个自治区级的人文社科研究中心，中国南方与东南亚民族研究团队获得自治区"人才小高地"项目，以及民族学教学团队获得国家级教学团队称号，"民族理论与政策"获得国家级精品课程等。这些都是民族学积极打造品牌和提升品位的一些具体措施及成果。

诚然，民族学学科品牌的铸就，最终是以科研和人才培养的质量来评判。如果没有高质量高水平的教学、科研成果，没有高层次的科研项目，要想得到同行或学界的承认与支持，也是难以实现的。尽管民族学各专业团队现已获得在研国家社科基金项目 19 项，科研项目的申请实力可见一斑，但维系民族学可持续发展仍是一个持久漫长而需付出各种努力的过程。

四　从单体学科到群体学科

民族学从过去单一学科走向今天的民族学学科群，具有自己的生态特征。个案学校最初只为全校学生设置了民族理论和民族政策课程，随着民族问题研究室和民族研究所的建设发展，以及专科生、本科生等不同层次的教育发展，在民族理论与民族政策课程的基础上，建立了民族学专业。经过多年的学科建设，教学、科研和人才培养得到有效推进，成果显著，这些成就使得 1995 年民族学获得广西重点学科成为必然。1998 年又获得民族学硕士点，开启了广西民族学院研究生教育的大门，人才培养层次高移。以此为基，与民族学相关的学科也迅速得到发展，文学、经济、语

---

① "中国与东南亚民族论坛"国际学术会议连续举办了四届，第一、二届在南宁举办，第三届在昆明举办，第四届在河内举办，第五届准备在老挝举办。2006 年 9 月 16 日，由广西民族大学和国际人类学与民族学联合会第十六届（2008）世界大会筹备委员会联合主办的第二届"中国与东南亚民族论坛"在广西民族大学举行。来自泰国、越南、老挝、日本以及中国社会科学院、国内各高校、科研院（所）的近百名学者出席了论坛，共同交流民族学人类学术领域，特别是中国与东南亚民族研究的最新成果，深入探讨民族学人类学研究的新问题、新动向。广西民族大学何龙群校长表示：广西民族大学将继续以民族学和东南亚语种为依托，以申报民族学博士点为契机，立足民族地区，面向东南亚，充分利用我区沿边沿海优势，积极支持教师开展东南亚相关民族研究，进一步明确学科方向，积极推进民族学人类学学科建设。——笔者注。

言、艺术、体育等都试图与民族学建立某种"亲缘"关系，以从"母体"中获得优势资源和"营养素"。2003 年马克思民族理论与民族政策和中国少数民族史专业在以民族学为主要资源依托的背景下，获得了二级学科硕士点。2006 年又获得中国少数民族经济和中国少数民族艺术两个二级学科硕士点。至此，个案学校民族学与社会学学院的民族学学科下设的 5 个二级学科硕士点已经齐备，形成了以民族学一级学科为依托，民族经济、民族理论与政策、民族教育、民族艺术、民族历史、民族文化等学科共生的学科群生态系统（如图 4—3 所示）。

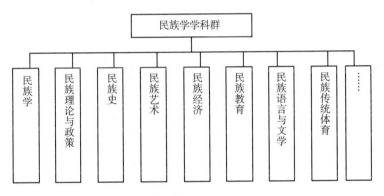

图 4—3　民族学学科群生态结构图

随着学科组织的扩张，开设与民族学相关的课程越来越广泛，民族研究队伍不断壮大，涉及的研究领域越来越宽，学术信息不断丰富，资料库建设不断完善等。伴随学科建设的这些要素的发展，民族学学科结构不断优化，逐渐从单一走向多样化、从简单走向了复杂。民族学学科群的发展路径颇有规律可循：以人才培养为逻辑起点和终极目的，以"课程—专业—学科—学科群"为发展思路①，在开放的学科建设生态中与其他学科交叉、融合与共生。

另外，由于东盟诸学科亦是个案学校的另一大学科群，即东盟学科群（如图 4—4 所示），而民族学学科群在横向扩展的过程中，必然与东盟学科发生"接触"，建立"交往"关系，产生交叉融合效应，形成交叉学科

---

① 欧阳常青：《大民族学学科建设：经验与展望——以广西民族大学为例》，《广西民族大学学报》（哲学社会科学版）2009 年第 1 期。

的"次学科"，即在交叉学科基础上的交叉学科（如图4—5所示），例如形成东南亚民族史、中越跨国民族研究、中国—东盟高等教育战略伙伴关系研究等。有学者指出："在全球化趋势下，传统教育形式的机构性和地理性边界正变得可以渗透、可以跨越。"① 作为传统学科的民族学学科，也是如此，其传统的边界被打破，走向"无边界"②。这个无边界并不是指民族学学科与其他学科间没有真正意义上的边界，而是民族学与其他学科的跨越、交往，打破了传统时空或概念上的壁垒，不断交叉融合，形成新的学科乃至新的学科群。

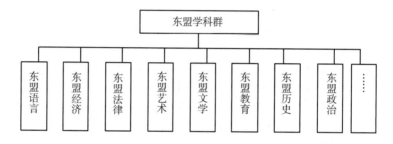

图4—4　东盟学科群生态结构图

关于民族学如何树立特色学科的品牌和优势，笔者访谈了时任广西民族大学民族学与社会学学院院长、民族学学科带头人周建新教授。

广西民族大学民族学与社会学学院院长、民族学一级学科带头人
周建新教授谈民族学学科建设与发展

民族学学科的发展，取得了很多的成绩，它的影响在全国来说，也是可圈可点的。而这些成就并不是偶然得来的，究其原因，我个人认为主要有以下三个方面。

一是民族学学科有良好的基础。中国人讲"饮水思源"，首先，

① 丁钢：《大学：文化与内涵》，合肥工业大学出版社2005年版，第25页。

② 英国高等教育资助委员会（HEFCE）和英国大学副校长委员会（CVCP）在2001年一份题为《无边界的教育业：英国的观念》报告中提出"无边界的高等教育"这一概念。教育（或者一个学科）的"无边界"并不是真正意义上的没有边界，而是边界的跨越，即跨越教育的传统边界，包括地理的和概念的。参见丁钢《大学：文化与内涵》，合肥工业大学出版社2005年版，第25页。

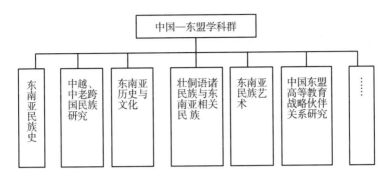

图4—5　中国—东盟学科群结构图

要感谢历任学校领导对民族学学科建设的重视，特别要感谢我校的民族学前辈们为民族学学科建设和发展所打下的良好基础和创造的发展平台。我校的民族学学科发展历史长，积累的成果丰厚。在老一辈学者中，代表人物有张有隽、范宏贵、万辅彬、徐杰舜、周光大等，还有已经去世的陈衣、姚舜安、程方等。他们为我校民族学人类学研究所的发展作出了很大的贡献。经过各位前辈和老教授的长期努力，民族学学科积累了很丰厚的成果，这为学科的发展打下了坚实的基础。在此基础之上，我们就容易"向上走"了。20世纪90年代后，我们又涌现出了玉时阶、谢崇安、龚永辉、李富强、秦红增、王柏中等一批中青年学科带头人。在全体老师的共同努力下，我们很好地继承了前辈的优良传统，在巩固传统研究领域的同时，不断取得新的成绩。近几年，我们又送培和引进了一批年轻的博士、教授，师资梯队结构进一步完善，学科建设和发展具有强大的后劲。

二是把握住了发展机遇。事实上，广西民族大学过去曾失去了很多发展的好机会，特别是改革开放初期。过去学校办学层次定位不高，满足于培养少数民族干部，办学结构和功能都比较单一。但20世纪90年代后，学校领导开始认识到学科建设和提高办学层次的重要性。当时我们把握住了机会，几乎每一次硕士点申报我们都有斩获。民族学作为第一批硕士学位授权点进行申报，并在1998年获得了硕点。2003年获得民族理论与政策硕点，2005年获得民族学一级学科硕士点，同时获得了社会学和专门史的硕点。每一次申报我们都紧紧把握住机会，而且每次都成功了，这样就不断地上新台阶。倘若错过一次机会，就意味着等待与落后。学校现在把民族学作为龙头学科来申报博士点，我们有压力，但更有动力，我们有信心把握住这次难得的发展机遇，为广西民族大学的发展做出应有的贡献。

三是注重团队建设和合作精神。我经常讲，一个人浑身是铁也打不了多少钉。个人成就的取得，个人的地位和作用一定是在群体中得到体现和发挥出来的。如果没有团队，或者大家都没有合作精神，无论如何是难以取得成绩的，特别是学科建设这种事。一个人的事业是在群体中成就的，反过来说是团队造就了你的成功。我们所见的成功人士的背后，毫无疑问都有一个成功的团队。在比较的视野中，我们中国人强调集体精神，西方人更强调个人自由。在我看来，个人自由需要受到集体精神制约，不能随心所欲，团队的每个成员都应当担负起个人在集体中的责任和义务。

来广西民族大学工作后，我曾得益于张有隽、范宏贵等老教授们的悉心栽培，他们的帮助使我在教学科研等方面有了一定的成就。2001 年我开始担任民族学人类学研究所所长，2003 年任民族学与社会学学院院长。虽然当了领导，但我个人所发挥的作用是非常有限的，我深知团队建设的重要性。作为学院领导，我主要扮演两种角色：一是总揽全局者，对全院的行政事务、学科建设进行"宏观调控"；二是服务者，为教师、学生营造良好的工作、学习环境。无论是学科建设规划，还是为老师服务，我都把团队建设作为一个核心任务来抓。如果没有人才队伍建设，学科建设就是一句空话。民族学与社会学学院学科建设搞得如此有声有色，都是团队成员共同努力的结果。现在学院已经形成了民族学、历史学和社会学三大团队，各团队的梯队力量不断增强，大家分工合作共同攻关，以集体智慧谋求学院更好更快的发展。以民族学为例，由于民族学是一级学科，我作为学科带头人，下面还有 5 个二级学科带头人，他们各自负责一个点上的学科建设任务，也都做出了很多出色的成绩。现在玉时阶教授负责民族史和瑶学中心的学科建设任务，龚永辉教授负责民族理论与政策和国家精品课程的建设任务，李富强教授负责民族经济和壮学中心的建设任务，谢崇安教授负责民族艺术的学科建设任务。另外，秦红增教授负责社会学的学科建设任务，王柏中教授负责历史学的学科建设任务。虽然他们研究的很多课题不属于民族学，但很多相关成果可以交叉使用，它们对民族学博士点申报建设也发挥着重要支撑作用。

做了这么多年的院长，有很多体会，常言说"公生明，廉生威"，但在知识分子成堆的大学，光"严于律己"是远远不够的，关键还要"宽以待人"。因此，我想在"公生明，廉生威"之后加上一个"和生力"。这样不仅有利于团队建设，也符合"和谐社会"建设的要求。

如何来树立民族学学科优势、打造民族学学科品牌，我们主要抓了以下几个方面的工作。

首先，摸清家底，做到知己。我们首先要考察、了解、认识自己，把自己拥有的资源梳理清楚。倘若连自己都不了解，更别说去打造一个学科的品牌。其次，知彼。知道别人在做什么，考察别人是如何做的，反思自己能否超越。通过对彼此的了解与认识，就要为自己创造有利的条件和获取更多的资源，比如，立足广西，凝练方向，选择具有自我优势的研究领域或研究方向。我们抓住学校"民族性、区域性和国际性"的办学定位，对传统的"壮学、瑶学"研究不断深化，同时拓展"中国南方与东南亚跨国民族""边疆稳定与发展""民族团结"，以及"区域经济"和"东盟学"研究等方向，只有抓住了我们自己的特色和优势，我们的学科建设才能不断发展进步。

找准特色所在之后，主动推进和打造一些学科品牌和平台就显得尤为重要。目前，我们已经获得了"壮学""瑶学"两个自治区级的人文社科研究中心，中国南方与东南亚民族研究团队获得自治区"人才小高地"项目，民族学教学团队获得国家级教学团队，"民族理论与政策"获得国家级精品课程等。另外，我们的影视人类学实验室实现了省部共建，同时还打造了"中国与东南亚民族论坛"国际会议交流平台。以上都是我们打造品牌和提升品位的一些具体成果。

如果从大的方面看，我们主要在攻方向、上层次和出水平三个方面提出了要求。攻方向，主要是凝练研究方向，巩固传统方向，拓展新的领域和方向。上层次，主要是把民族学博士点建设定为我们发展的目标。我们已经拥有民族学一级学科的硕点，但仍要实现层次的进一步提升，为实现我校博士点零的突破作出我们的贡献。当然，2010年我们与中山大学合作，已经建立了一个博士后流动站科研基地，并招了两名博士后，可谓实现了跨越式发展。出水平，主要是要求大家产出高质量高水平的教学、科研成果，从过去的"以量取胜"向"以质取胜"转变。过去我们比较重视"量"的积累，主要依靠科研成果的绝对数量取胜。而现在整个的形式早以发生了变化，大家都在发展进步，没有高层次的科研项目，没有高质量高水平的成果，要想得到学术界的承认那是根本不可能的。因此，我们务必要转向抓质量抓水平，以质量求生存求发展赢声誉，推出一批学者，让国内外同行了解和认同我们。我院现有在研国家社科基金项目 19 项，可以说高层次的项目很多，但结题率较低，获得"优秀"的结题成果也很少，因此质量问题仍是个"瓶颈"。以民族志为例，我们学院的教师至今没有撰写出一部在国内外很有影响的民族志，这与我们所处的地缘优势和学科发展水平很不相称。近年来我们也很注重田野调查，但是成果并不明显。因为我们也看到要做很专业的民族志报告，并非轻而易举之事。另外，我们也有意识地为民族学学科的发展创建平台。例如，我们连续举办了四届"中国与东南亚民族论坛"国际学术会议，第一、二届在南宁举办，第三届在昆明举办，第四届在河内举办，第五届准备在老挝举办，我们继续努力搭建好这个国际学术交流平台。我相信，我们的学术研究成果在不远的将来会走向世界，尤其在东南亚地区会具有广泛的影响。

五　与民族学学科发展共生共进的研究生教育

学科建设是一项系统的工程，包括学科方向的凝练、学科梯队的建设、科学研究、人才培养、基础设施建设等。其中，培养具有学科知识结构特点、学科优势的不同层次、不同类型的人才，是学科建设的终极目标。如果学科基础薄弱，就难以为培养高层次人才的研究生教育提供发展的基础和条件，影响人才培养的质量。研究生教育通过培养专业人才、开展科学研究等，又不断促进学科建设和发展。学科建设与研究生教育是辩证统一的整体，两者紧密相关，有机统一，相互促进和发展。

（一）　学科建设是研究生教育的基础

个案学校民族学以培养高层次的教学和科研的学术型人才为出发点和最终目的，从广西民族生态、广西地缘结构、广西民族研究、广西民族学人才培养等实际出发，坚持"大民族学学科"的宏观学科建设与发展理念，凝练学科方向，积极打造民族学学科特色和品牌，促进民族学与其他学科的交叉融合，加强学科群建设，不断壮大学科队伍，凝聚团队力量，完善实验室、图书资料中心等基础配套设施，提升民族学科学研究和人才培养质量等，在这些复杂要素的相互作用之下，使得该学科成为了学校龙头学科、广西重点学科和全国高校第三批特色专业建设点，为该学科的研究生培养搭建了一个良好的发展平台。比如，通过建设和发展交叉学科、学科群，促进民族学和其他学科、广西民族学学科与东南亚国家的优势学科之间的交叉与融合，形成交叉学科、学科群，这不仅能够为民族学科学研究提供丰富的研究资源，而且有利于培养复合型的高层次人才。

（二）　研究生教育推动着学科发展

民族学学科建设与其自身所开展的研究生教育是"共生共进"[①] 的。民族学学科建设为研究生教育搭建学科平台，而研究生教育促进民族学学科的发展。民族学作为该校第一批获得硕士点的学科之一，可以说，开启了该校研究生教育的大门。在接下来的十余年里，民族学研究生教育无论在科学研究还是在人才培养方面，都取得了显著成效。民族学获得了民族学一级学科硕士点及5个二级学科硕士点，并在其支撑作用下，获得了社会学和历史学两个硕士点，这些成就推动着民族学学科的发展。例如，民族学培养的硕士，有20多位成为博士，他们当中有很多人返回母校，回到民族学所属组织单位的教学和科研岗位上，发展壮大了民族学师资队

---

① 共生共进是指共同生存、生长，而不是同时诞生、产生；共进是指共同发展，但并不是必然同步发展。

伍，为民族学科学研究、人才培养继续贡献着力量。尤其是民族学成为博士点建设学科，可以获得一笔不少的经费，这些经费主要用来学科建设，包括图书资料室建设、实验室建设、科学研究、人才引进、学术交流等。

因此，研究生教育的发展以学科建设为平台，不断加强科学研究和高层次人才的培养，而学科建设充分利用研究生教育发展提供的契机和资源，不断加强学科建设，完善学科结构和功能。两者就像处于同一区域持续增长的两座高原。它们的生态位不是分离相隔的，而是紧密相连的；它们的增长机制不是"此消彼长"，而是"相辅相成"和"共生共进"。因此，我们要推动学术型研究生培养模式的改革和创新，必然要加强学科建设，推动以培养学术型研究生为目标的学科建设的创新；要完善以培养学术型研究生为培养目标的学科结构和功能，又要不断推进学术型研究生培养模式改革，提升研究生教育质量。

第五章　民族学学科研究生学术性格的养成

科研是学术型研究生的一个重要"性格"特征。"在社会各领域中，尤其是科学及学术研究、技术开发研究、高层次的教学工作和管理工作，需要受过更多教育和训练的专门人才，现代研究生主要是为这些岗位提供人才服务的。"① 培养主体培养学术型高层次人才，必然要创造科研条件，为学术型研究生的成长提供科研环境、搭建科研平台。科学研究、人才培养和社会服务是高等教育的三大职能。其中，科学研究与教学、学习相结合，是近代高等教育的一个基本特征。大学、科研院所等科研机构作为科研的中心，作为科研训练的场所，作为对研究生进行科学教育的机构，发挥举足轻重的作用。

一　科研是学术型研究生应然的遗传性格

科学研究是研究生教育产生的一个根本标志，也是研究生教育的遗传基因，它影响着研究生的性格。19 世纪初的德国柏林大学把科研和教学相结合的洪堡理念，催生了研究生教育的理念变革，科学研究成为大学教师的一项基本活动。19 世纪 70 年代美国霍普金斯大学作为全美第一所研究型大学屹立于美国大学之林，则把大学科学研究的地位推向一个小峰顶。20 世纪 80 年代，各国都把注意力转向研究生教育和科学研究的组织。随着经济全球化，世界进入知识经济时代，各国都非常关注科学和技术的比较优势。国力的竞争，经济和人力的竞争，已成为当今时代的一个

---

① 薛天祥：《研究生教育学》，广西师范大学出版社 2001 年版，第 224 页。

重要特征。① 如今，顶尖大学都致力于"成为学术生产的场所，系统研究训练和学术训练的中心场所，而不是在进行本科教育时顺便做点研究和学术训练的场所"②，而"研究型大学"几乎已经成为全美 100 所名牌大学的集体名词。科学研究似乎成了大学发展乃至各国科技、经济、社会发展的"杀手锏"。

事实上，不仅是一流大学的成长需要科学研究，研究生的培养更离不开科学研究。科研是学术型研究生应然的遗传性格，为何？显然，"学术型"研究生，就要从事学术性的科学探索，应用型研究生虽然是研究生教育适应科技经济发展的产物，但它并不注重学术创新和科学研究，其强调人才培养目标与过程的实践性和应用性，而不像学术型，强调研究性、学术性。因此，科学研究是学术型研究生的遗传性格。当然，这种遗传性格不是"必然"的，而是应然的，即学术型研究生本质上应该具备"科研"的素养和能力。如果培养机构或其他培养主体培养的研究生实现了学术型研究生的培养规格和要求，即研究生养成了培养主体所期待的"科研"性格，那么正好实现了学术型研究生的培养目标，也满足了培养主体的培养期待；如果即便按照"学术型研究生"培养规格和要求去培养的，但研究生没有形成学术型研究生应该有的"科研"性格，那么就偏离了"学术型研究生"的本质。

大学、科研院所是培养学术型高层次人才的场所，是学术型研究生、大学教师科学研究开展科学研究的重要基地。培养主体要培养学术型高层次人才，必然要创造科研条件，为学术型研究生的成长提供科研环境、搭建科研平台。原因是显而易见的，因为科研环境、科研条件、研究生导师的科研水平等关系到以培养高级人才为目的的学科发展，关系到学术型研究生学术研究的发展（学科方向的选择、研究领域的选择、学位论文的选题等）和科研素养的培养，关系到高级人才培养单位的科研实力和发展前途。如果不处理好它们之间的关系，必然影响学术型研究生的培养质

① ［美］伯顿·克拉克主编：《研究生教育的科学研究基础》，王承绪译，浙江教育出版社2001 年版，第 1 页。

② Jahonson, J. M. （2000）. Graduate Education Reform in Europe, Asia and the Americas and International Mobility of Scientists and Engineers: Prioceeding of an NSF Workshop. Arlington: National Science Foundation, Division of Science Resources Studies, 176.

量。当这些学术型人才重返到该科研岗位时，又循环影响科研机构的科学研究和新一代的人才培养。我们发现，大学、科研院所等科研机构的大学教师、研究人员，尤其是研究生导师，十分重视科研。他们主要通过发表学术论文、专著，申请纵向、横向课题项目，获得科技发明、专利等形式，积累学术思想、提高自己的学术声誉和地位，为自己的教学和人才培养奠定基础。

科学研究是反映研究生教育质量的一个重要指标，科学研究工作的好坏，关系到研究生培养质量的高低。因此，把好科研机构及学术型人才培养的"科研关"，是提升科研水平和研究生人才培养质量的重要环节。

二 民族学科研成果及其研究特色

教学与科研的结合是促进学科发展的主要手段，而学科的发展成熟是培养研究生的基本条件。没有科研活动促进学科的发展也就难以具备培养研究生的能力。[1] 民族学研究与民族学人才培养及其学科发展是耦合并进的。经历过一个多世纪的民族学学科建设、研究和人才培养，民族学形成了丰富的民族学科研成果。科学研究是广西民族大学民族学学科建设和学术型研究生培养工作十分重视的一个方面。

早在民族研究室时期，民族学老师就开始开展科研工作，不过那时候，囿于人力、物力和财力的缺乏，科研条件并不好，老师们科研的积极性并不高，科研总体水平较弱。

民族学人类学研究所时期，虽然该所是个小单位，但却拥有一支理论基础扎实而又富有学术朝气的师资队伍，他们发挥自身优势，立足于民族研究领域，在搞好教学工作的同时，积极开展科研工作，取得了丰富的科研成果。据不完全统计，民族学人类学研究所成立四十五周年之时，该所教师独自著写或参与编写出版了156本著作（其中译著2本），光盘2张，编写教材9本，工具书19本，在各类刊物上发表学术论文、调查报告和译文704篇。这些科研成果已获国家级奖励1项，省部级奖励多项。尤其是从1988年批准可招收培养专科生到1998年批准可招收培养硕士研究生

---

① 薛天祥：《研究生教育学》，广西师范大学出版社2001年版，第225页。

这 10 年间，民研所先后完成 8 项国家课题、6 项省级课题，出版 152 本专著，在国内外刊物上发表了 643 篇学术论文，其中获省部级奖 31 项，厅级奖 41 项。这些成果多为姚舜安、张有隽、范宏贵等老教授们辛勤科研的智慧结晶。它们主要对壮族、瑶族等中国南方和东南亚跨境民族的历史文化、民族理论和民族政策等方面进行了深入研究，科研水平达到了国内外先进水平，在同行中具有较好的口碑，颇有影响力。关于研究所时期，民族学科研情况，前广西民族大学民族学人类学研究所创建者、该所所长张有隽①教授颇有感触地说：

　　　　科研方面进展比较快，档次也比较高。80 年代初，我们学校很多老师中，写文章的没几个人。民族研究室，我们叫民族研究所，民族研究室的老师搞教学科研工作，但其他系部老师有的养鸡，有的种菜，连我家里也养过鸡。我 1981 年评为讲师，按照政府规定，我可以把妻子和小孩接来学校。家里的那个杂物房就成了鸡房，还有烧那个蜂窝煤，搞得乌烟瘴气。我有个同学也养鸡。一个师兄，文章也不写，后来写了文章评了副教授，不久去世了，很可惜。大家都在养鸡、种菜去了，所以一年下来，学院整个发表的文章只有十多二十篇。你不是"民族研究室"吗？研究室就是要搞点研究嘛。

　　　　我 1983 年当民族研究室主任，1984 年我就把民族研究室"打报告"变成民族研究所，上面也同意了，自治区也同意了，然后陆陆续续引进一些人进来。改革开放以来是民研所发展最快的时候，科研的路迈得越来越宽。当时学院机构交往最宽的就是民族研究所，跟日

---

① 张有隽：(1939—)，男，瑶族，广西钟山县人。早年就读于中央民族学院中南分院（现中南民族大学）历史系，毕业后历任广西通志馆业务员、广西马山县古灵中学教师、广西民族大学研究员。广西民族大学民族学人类学研究所创建者，自治区级重点学科带头人；广西瑶学学会创建者，瑶学重要奠基者。为我国民族学人类学与瑶学的教学与科研作出突出贡献，1992年 12 月被评为享受国务院政府特殊津贴的专家。在民族学人类学学科建设、宗教人类学、经济人类学、瑶学等领域孜孜以求，造诣颇深，成就辉煌。参与和主持完成多项国家、省部级重大课题研究，出版著作 30 余部，发表论文 130 余篇。主编《广西通志·民俗志》获中国新编地方志优秀成果一等奖、广西地方志优秀成果一等奖，《瑶族通史》获广西第八届社会科学研究优秀成果一等奖，《瑶族历史与文化》获广西地情书二等奖。曾任第七届全国人大常委会委员、民族委员会委员，第七届、第八届广西区政协常委会委员、民族宗教委员会委员、副主任。

本、美国等都有交往，其他系部都眼睁睁看着，因为有这样的成绩，所以做教授后，才能有享受国务院政府津贴的待遇，成果累累了，对不对（说到此，张教授哈哈地笑起来，表示对"只要工作做好了，成果自然有了"的认同）。

从大学的角度，教师除了上课以外还要有科研成果，你按照国外（的做法），一个老师如果一年内不发表三篇文章，系部主任赶紧打包走人。我们这里就没有这样的说法，十年八年都在这里执教鞭，教学内容没有更新，讲的都是老话题，呵呵（张教授带着调侃意味地笑着）。后来大学对老师提高了要求，要求搞科研，出台了一些激励措施。比如，现在做课题，如果你申请课题得了七八万块经费支持，我（学校/单位）再给你七八万块。你每年发表文章，给你奖励，算你的工作量。对我们民族研究所来说，老师需要三分之二的教学工作量和三分之一的科研工作量，你说你是一个教授，要你一年完成300个工作量，那你一年应该要有200个课时工作量和100个科研工作量。你不写文章就不行，你要写文章，就要读书，要调查。按照我的科研情况，以前学校给的经费很少，我都拿去田野调查了。为了获得更多经费支持，我就寻求瑶学会的支持，看能不能要点科研经费，当然这个只是一个平台。最可怜的是，×××当院长的时候，一年只给我们两千块钱，两千块能干什么呢？现在科研的新要求比较高了，从80年代开始由广西社会科学研究优秀成果评选会评选出的获奖作品，占的比例是30%左右，哪个要是获得一等奖的话，光荣！而且又得奖金，评职称还有含金量。现在民族研究所的教授成果多，获奖多，评上教授的多。1992年、1993年，我一个，姚舜安一个，范宏贵老师一个，三个人享受国务院特殊津贴的专家。其他系就差点。数理化系后来分成三个系，这三个系，你这个老师明不转经传，你去申请国家课题，是不是啊，所以后来变成一个恶性循环。但后来也慢慢发展起来了，后来有一些博士生。有一个从美国回来的欧燕林，研究生处长刘焕文，也挺有名气的，现在好像是二级教授了吧。有二十来个二级教授。现在我们每年从国家申请到的课题每年有三到四个，完成的课题出版的书发表的论文，在广西是不错的。师大也不错，但我们还是排在前面。我们在国外的交流也搞得不错。

（根据 2011 年 5 月 30 日 16：10 于广西民族大学逸夫实验楼 507 访谈资料整理而成）

民族学与社会学学院时期，该学院同样十分重视科研工作，科研项目和科研成果一直居全校前列。2004 年到 2008 年，学院教师共承担了 50 多项国家及省部级科研项目，独自撰写或参与编写出版著作 58 部，在各类刊物上发表学术论文、调查报告、译文 400 多篇。2008 年，学院获得科研项目 27 项，其中，国家社会科学基金项目 5 项，国家民委项目 1 项。目前，民族学与社会学学院省部级以上在研项目 41 项，其中国家级项目 16 项，省部级项目 25 项，科研经费 390.32 万元。2009 年以来，民族学学科又新增科研项目 45 项，其中国家级 8 项，省部级 14 项，厅级 3 项，校级 15 项，横向合作项目 5 项。发表学术论文 93 篇（至 2009 年 9 月），出版学术专著 14 部、编著 6 部。2009 年以来共有 15 项科研成果获省部级奖励。① 这些科研课题及相关成果的推广和应用，为民族地区的经济社会发展和科研型人才的培养，发挥了一定的经济效益、社会效益和人才效益。相关科研成果获得了政府和学术界同行的高度评价，对我国政治稳定、经济发展、社会进步和民族团结进步起了积极的促进作用。部分主要成果及其相关评价如下。

（一）民族理论与民族政策研究

民族理论与民族政策研究是民族学研究的重点领域。早期成立的民族院校也是为了加强我国民族问题和民族政策的研究。个案中民族学主要关注的领域包括：一是马克思主义和中国特色社会主义理论体系下民族政策实践。如罗树杰等著的《马克思主义民族观导论》《马克思主义民族观简论》《毛泽东同志在民族理论学科方法论问题上的贡献》《毛泽东与中国的民族问题》《中国共产党与民族问题》《中国民族政策研究简论》《关于马克思主义政策的几个问题》《民族理论学雏议》《社会主义社会既是民族繁荣时期，又是民族融合时期》《邓小平关于各民族共同富裕和共同繁荣思想探析》《邓小平与大西南的民族问题和民族政策》《论邓小平民

族问题理论独特的实践及其深远意义》《新时期少数民族统战政策述略》《世纪之交中国民族政策调整的思考》等。二是相关民族理论的建构和分析，如《改进民族理论的研究方法》，龚永辉的《民族意识调控说》，徐杰舜等著的《实施自治法研究》，以及《也谈民族共同文化心理素质》《民族意识的概念问题》《民族意识与民族问题》《民族意识的调控方略》《民族意识调控论》等。三是民族学人才培养和民族学课程改革探索。如修订出版了《民族理论与民族政策》教材，发表《民族学院是新世纪民族地区培养人才的重要阵地》《民族理论课程教改初探》《试谈少数民族高级干部的培养》《谈广西苗瑶干部培养问题》等相关文章。四是从经济、文化、法律等不同视角探索民族权利。如《也谈中国民族识别工作及其问题》《民族传统文化与民族发展繁荣》《聚居少数民族享受自治权待遇论》《对修改民族区域自治法的若干思考》《民族自治权是民族自治地方的生命权》《磐石：广西民族团结研究报告》等。其中，张有隽、徐杰舜主编的《中国民族政策通论》，徐杰舜、韦日科主编的《中国民族政策史鉴》等对中国民族政策研究有创造性的意义。

(二) 民族历史文化研究

1. 各民族综合研究

民族性和区域性是个案学校民族学研究的特色。相关研究主要聚焦少数民族聚居省域广西范围内的壮族、瑶族等少数民族的历史文化。相关研究成果如姚舜安主编的《广西民族大全》，徐杰舜著的《中国民族史新编》，高言弘、姚舜安著的《明代广西农民起义》，黄鸣主编的《简明民族词典》，范宏贵著的《少数民族习惯法》，张有隽主编的《广西通志·民俗志》，万辅彬著的《中国古代铜鼓科学研究》，玉时阶等著的《广西少数民族服饰文化》，徐桂兰编著的《广西风俗》，张有隽等人编写的《少数民族妇女》等。主要论文如《应当重视南方民族关系史的研究》《中国南北民族关系史比较研究断想》《广西多民族格局发展轨迹述论》《桂西少数民族住宅问题初探》《中国南方少数民族铜鼓演变探析》《广西少数民族体育考究》《广西与中国稻作的发展》等。这些论著大部分都达到较高的学术水平，如张有隽、顾有识、陈衣主编的《广西通志·民俗志》是我国第一部新编省志民俗专志，在方志界获得好评，获得中国新编地方志优秀成果一等奖、广西地方志优秀成果一等奖。

2. 壮族历史文化研究

壮族是广西人口最多的少数民族，这一领域相应的成果也颇丰，如张声震主编、范宏贵总纂的《壮族通史》（上中下），范宏贵、顾有识等著的《壮族历史与文化》，黄庆印著的《壮族哲学思想史》《壮族文化志》，黄成授著的《广西壮族革命史》，谈琪著的《壮族土司制度》，徐杰舜等著的《南乡春色——一个装相社会文化的变迁》，周光大主编的《壮族传统文化与现代化建设》，范宏贵主编《中国少数民族原始宗教资料集成·壮族卷》，张有隽主编《边境上的族群》等。主要论文有：《壮族民族意识浅论》《谈谈壮族与周边近邻诸民族关系研究为问题》《试论历史上的壮汉互为同化》《我国壮族与越南岱族、侬族的古今关系》《近现代壮族与周边民族的关系》《壮、傣、泰族渊源与迁徙再探》《壮族古代先民的铜鼓》、《正确认识壮族特点，促进民族繁荣》《试论壮族土兵的性质及其社会影响》《壮族禁忌风俗探源》《论壮族土司田地契约文书的类型》《论壮族土民田地所有权的确认》《论壮族土司田地权利的转让》《壮族古代的天文历法》《壮族文化名人现象透析》《壮族人民传统道德观念初探》《壮族古代学者哲学和社会思想三题》《论孔子在壮族地区的影响及历史作用》《论壮族哲学思想特点及其研究意义》《壮侗语诸族梅山教人物神祇考》《论壮族的文道教和武道教》《壮瑶族人民对右江革命的贡献》《论百色起义的社会基础及其胜利的原因》《广西"改土归流"》《壮族的青蛙崇拜》《侬智高的国籍与民族成分》《南丹莫氏土司族属考》等。这些论著从全方位、多角度对壮族历史文化的各个方面都作了较深入的探讨，在壮族研究领域中占有十分重要的地位。其中，范宏贵、顾有识等编著的《壮族论稿》《壮族历史与文化》等专著在壮族的起源及其与东南亚相关民族的同源关系、壮族的自我意识、解放前的经济形态等方面的研究都取得了突破。

3. 瑶族历史文化研究

瑶族是我国一个非常古老的民族，拥有丰厚的历史文化底蕴，不同支系的瑶族创造了丰富灿烂的瑶族宗教信仰、工艺、技艺、社会制度、文化模式等，瑶族历史文化研究也是个案学校民族学研究的主要领域。相关领域的成果繁多，如张有隽主编的《瑶学研究》（第四辑），《中国少数民族百科全书·瑶族卷》，莫金山的《瑶族石牌制度》《中国少数民族原始宗教资料集成·瑶族卷》。另外如《蓝靛瑶迁徙研究》《瑶族从中国迁入越南浅谈》《越南瑶族》《布努瑶与铜鼓》《瑶族铜鼓考》《中泰瑶族文化比较》《瑶族宗教信仰》《十万大山瑶族道教信仰浅析》《瑶族与南方少数民族演奏铜鼓》《瑶族丧葬和祭祀礼仪》《瑶族原始宗教溯源》《瑶族与华南诸族梅山教比较研究》《中国瑶人文书及其研究》《山子瑶丧葬仪式研究》《瑶族宗教文化剖析》《瑶族婚姻制度的嬗变》《从山子瑶的婚姻变迁看瑶族婚姻制度的嬗变》《也谈瑶族民间工艺》《中国瑶族人口的都市化及其传统文化》《关于瑶经研究的几个问题》《瑶族神话传说的哲学思想试析》《瑶族神话文化因子剖析》《密洛陀与瑶族文化》等大量论文表明瑶族历史文化研究也是民族学研究的重要领域。由于广西民族学院在瑶族研究方面的突出成绩，当时的广西民族学院为瑶族研究的重要基地。其中，时任民族学人类学研究所所长的张有隽教授著述的《瑶族传统文化变迁论》和主编的《瑶学研究》（1—4 辑），范宏贵与中央民族大学胡启望合著的《盘村瑶族》，姚舜安的《巴马瑶族长寿之谜》等都已成为国际学界有影响的著作。

4. 汉族历史文化研究

个案学校的民族学工作者在大量研究少数民族历史文化的同时，致力于开拓和推动汉族历史文化的研究。相关代表作包括徐杰舜主编的《汉民族民间风俗》《雪球——汉民族的人类学分析》。另外《从秦人、汉人、唐人到汉民族族称的确定》《汉民族性格面面观》《汉民族的振兴与中国的现代化》《汉民族主源炎黄东夷论》《广西客家的源流、分布和风俗文化》《从民间传说看汉族传统节日的起源》《从部族定义看夏、商、周三族性质》《试论汉人的"壮化"》等论文对汉族研究进行了补充。这些论著都达到较高的学术水准，其中徐杰舜教授的《汉民族发展史》被认为是改变了世界最大民族汉族没有专史的情状的著作。

5. 其他少数民族历史文化的研究

民族学学科除在壮、瑶、汉三个民族历史文化的研究上取得丰硕的成果外，在毛南、仫佬、京、苗、侗等民族的历史文化的研究上也取得显著的成绩。这些民族都是广西的世居民族，尤为值得关注和探索。相关成果如张有隽、周建新等编写的《广西回族的历史和文化》，以及《桂北侗族的社会民俗》《吴金银》《桂林回族家规分析》《苗族社会组织与习惯法浅论》《苗族社会历史的特点》《从侗族审美特征漫议》《论仫佬族"木佬"归属仫佬族的问题》《仫佬族的宗法制度》《解放前毛南族地区的建置和政治制度概略》《新疆哈萨克族黑宰部落原始文化遗迹研究等》等有关论文。其中，姚舜安、万辅彬等著的《北流型铜鼓探秘》则是在世界上首次发现了铜鼓铸造遗址。

6. 跨境或国外民族的历史文化研究

由于广西与越南交界，许多民族跨国两居，广西少数民族与越南及东南亚的民族关系密切，因此，国外特别是东南亚的民族历史与文化研究一直为广西民族大学所重视，并取得丰富研究成果。还翻译了不少论著，主要著作有范宏贵的《越南民族与民族问题》，张有隽主编的《世界民族志》，周建新著的《和平跨居论：中国南方与大陆东南亚跨国民族和平跨居模式研究》等。

（三）人类学理论研究

个案学校积极引入国际民族学人类学的理论和方法，结合我国民族实际情况，进行理论探讨，取得了不少成果。主要成果有：荣仕星、徐杰舜主编的《人类学本土化在中国》，周建新的《和平跨居论》以及他主编的《民族学概论》，李远龙的《认同与互动：防城港的族群关系》等。主要论文有《中国人类学的现状与未来走向》《中国人类学的崛起与走向世界》《比较视野中的中国人类学》《中越边境民族族群结构》《关于中国民族学人类学学科地位问题》《对人类学本土化在中国的几点看法》《中国民族学如何培养跨世纪人才》《中国民族学的百年历程与未来任务》《论民族学与语言学的交叉拓展》等。当时广西民族学院还与中山大学等单位于 1999 年联合主办我国首次人类学本土化国际学术研讨会。邀请海峡两岸以及美国、英国、法国、西班牙、日本等国的人类学专家，就人类学本土化理论、方法和实践进行研讨。

（四）现实民族问题研究

民族问题研究的取向通常是对现实民族问题的直接回应。我国诸多民族问题研究旨在为民族现象的解释提供理论依据，为民族问题的化解提供协调的策略，为民族政策的制定提供依据。个案学校的民族学一直致力于为国家和地方政府提供政策咨询和社会服务。如龚永辉的《族际识徕》则直接为政府确定长期悬而未决的族属问题提供了依据。徐杰舜、关淑兴主编的《实施自治法研究》提供了进一步完善民族区域自治制度的意见，受到国家有关部门的重视。张有隽所长主持的《民族区域自治与少数民族干部培养问题研究》课题也引起了自治区有关部门的重视。1996年以来，由张有隽研究员主持承担的国家教育部世界银行贷款JG257号课题和吴中任副教授主持承担的国家教育部世界银行贷款JG258号课题，都完成了全部研究任务，并通过了国家教育部专家组鉴定。①

（五）国际民族问题合作研究

个案学校是最早对外开放和较早获国家批准招收外国留学生的院校之一。民族学学科积极开展与境外科研机构共同合作研究。对于当时的广西民族学院来说，对外交流工作的发展，主要得益于学院的学科优势和特色，尤其是以民族学、人类学和东南亚语种为代表。②

民族学人类学研究所建所十余年间，先后派出34人次出国访问交流和考察、出席国际会议，也接纳了多批国内外来访的学者，主持召开四次较大型的国际学术研讨会，取得了丰硕的科研成果（具体情况如表5.1）。该所先后与泰国、越南、日本、苏联、俄罗斯、法国、中国香港和中国台湾等国家和地区进行课题合作，资料交流、人员互访讲学与考察活动，如中泰壮学、瑶学学者互访，中美瑶学互访等。承办，或参与承办，或派人员参与各种重大学术研讨会，如派员参加世界民族学人类学大会，文化人类学高研班，人类学本土化学术研讨会和汉民族学术研讨会等。民族学人类学研究所还与香港中文大学、香港科技大学、台湾清华大学、日本大阪国立民族学博物馆、日本东洋大学、法国国家科学研究中心、美国衣阿华州傣学研究中心、泰国朱拉隆功大学、越南社会人文科学研究中心等国外

---

① 参见广西民族学院民族学学科建设总结（1996—2000）《广西民族学院民族学与社会学学院总体发展建设与规划》（2003年10月10日）；广西民族大学博士点建设学科《民族学学科建设自评报告》（2010年10月29日）。

② 《广西民族学院校史》编辑委员会编：《广西民族学院校史》，广西民族出版社2002年版，第211页。

机构建立长期密切的合作关系。与此同时，还派出学术水平较高的教授、副教授给院内的美国、日本、法国等国的留学生、高级进修生授课。90年代初，在清迈，主要是与清迈山民族研究所合作进行瑶族文化研究。法国国家科学中心华南及印支半岛人类学研究所雅克博士，跟民族学人类学研究所进行合作 5 次。①

"九五"期间，该所先后与国外科研机构成功合作开展项目，如与法国远东及太平洋地区研究所合作的"华南各民族原始宗教研究"，与美国路德大学、中山大学合作的"贺州族群关系研究"，与台湾清华大学合作的"云南高地的亲属与经济"。迄今为止，民族学人类学研究所老师与国外学者合作编写出版了《中泰两国瑶族历史文化比较研究》《白裤瑶习俗文化》《中国瑶族民俗》《华南诸民族梅山教研究》《华南各民族亲族制度研究》《瑶族研究文集》《殿粤要纂》等著作。民族学人类学研究所通过广泛的学术交流与合作，为扩大广西民族学院的对外交流与合作以及为提高广西在全国及国际范围内的声誉作出了很大的贡献，有利于中华民族的共同繁荣和社会的全面协调发展。

在民族学与社会学学院时期，学院继承和发扬了前研究所的国际学术交流与合作的"遗风"，积极开展对外交流活动，先后与泰国、越南、老挝、日本、俄罗斯、英国、法国、美国、澳大利亚、香港和台湾等国家和地区进行课题合作、资料交流、人员互访讲学与考察活动。承办或派人员参与各种重大学术研讨会。学院保持过去民族学人类学研究所的"走出去"战略，继续发展与日本大阪国立民族学博物馆、日本东洋大学、法国国家科研中心、美国依阿华州泰学研究中心、英国剑桥大学社会人类学系、老挝新闻文化部文化研究所、越南国家社会与人文科学中心、香港中文大学、香港科技大学、台湾清华大学等国外或境外机构建立长期密切的合作关系。2009 年 7 月 26—31 日，在昆明成功举办第三届"中国与东南亚民族论坛"国际学术研讨会。这次会议共有来自美国、密克罗尼西亚、泰国、越南、马来西亚以及国内各高校、科研机构的专家学者 42 人；会议收到学术论文或论文提要 40 多篇。同时期在昆明成功举办了"侗台语

---

① 《广西民族学院校史》编辑委员会编：《广西民族学院校史》，广西民族出版社，2002 年版，第 214—215 页。

表 5.1　民族学人类学研究所多外学术交流及合作研究情况（1985—1994 年）

出国进修或合作研究	1. 姚舜安（教授）在 1986 年 5 月、1989 年 3 月两次到泰国做瑶学研究，随后在广西出版了《泰国瑶族考察》； 2. 姚舜安（教授）于 1991 年 3 月到日本做铜鼓文化、瑶历史文化的研究，并在日本发表论文三篇； 3. 张有隽（研究员）于 1986 年 5 月和 1994 年 7 月两次到香港，进修及研究内容为瑶学，其后在港出版了《瑶族研究专辑》； 4. 张有隽（研究员）于 1989 年 3 月和 1993 年 12 月两次到泰国，做中泰瑶族文化比较研究，随后在广西出版了《泰国瑶族考察》； 5. 张有隽（研究员）1991 年 3 月，在日本做瑶族文化的研究，并在日本发表讲演； 6. 袁少芬（副教授）1986 年 3 月，到泰国做壮泰语言文化研究，后发表有论文； 7. 范宏贵（教授）于 1986 年 5 月去了泰国以及 1994 年 5 月到了越南，做壮泰文化比较研究，在泰出版了《同根生民族》； 8. 范宏贵（教授）1994 年 10 月，到越南做越南民族的研究，在越南发表论文两篇； 9. 徐杰舜（教授）1993 年 5 月，在香港做汉民族研究，发表汉学研究讲演； 10. 徐杰舜（教授）1993 年 12 月，到泰国做瑶族历史文化研究，发表论文； 11. 玉时阶（副教授）1989 年 3 月，到泰国做中泰瑶族文化比较的研究，他也参与《泰国瑶族考察》的撰写； 12. 黄方平（讲师）1987 年 7 月，到美国做美国瑶族教育研究，发表论文； 13. 李增贵（副教授）1989 年 3 月，到泰国做瑶族历史文化研究，后出版了专著； 14. 李甫春（研究员）1993 年 12 月，在泰国做壮泰经济比较研究，发表论文； 15. 韦锦海（讲师）1993 年 6 月，到加蓬做了关于非洲黑人文化的研究。
国外学者来所进修或合作研究	1. 日本的梅卓忠夫（教授）1985 年 1 月来研究所进修中国南方少数民族文化，发表论文； 2. 泰国的帕尼（博士）1985 年 6 月和 1987 年 5 月两次来研究所进修壮语，随后出版有专著； 3. 日本的塚田诚之（高级进修生）1986 年 5 月来研究所进修壮族历史文化，发表系列论文； 4. 美国的珀内尔（教授）1987 年来研究所进修瑶语，随后出版了瑶英汉词典； 5. 日本的金丸良子（副教授）1987 年来研究所进修瑶族民俗，发表论文；

	6. 泰国的提拉攀（博士）1987 年 12 月来研究所进修瑶族语言文化，发表论文； 7. 日本的铃木正崇（副教授）1988 年来研究所进修瑶族历史文化，出版专著； 8. 日本的松本光太郎（高级进修生）1988 年来研究所进修壮族历史文化，发表论文； 9. 日本的竹村卓二（教授）1988 年 11 月来研究所进修瑶族历史与文化，发表论文； 10. 日本的藤井知昭（教授）1992 年来研究所进修了白裤瑶文化； 11. 法国的雅克—勒穆瓦纳（教授）1993 年 8 月来研究所进修壮瑶等族宗教，发表论义； 12. 日本的俗口房男（教授）1993 年 5 月和 1994 年 11 月两次来研究所进修壮族土司制度，发表论文。
参加国际学术会议	1. 本所有 1 人参加了香港首届国际瑶学研讨会，并发表论文 1 篇； 2. 本所有 3 人参加了郴州第二届国际瑶学研讨会，并发表论文 3 篇； 3. 本所有 3 人参加了杜鲁兹第三届国际瑶学研讨会，并发表论文 3 篇； 4. 本所有 6 人参加了贺县第四届国际瑶族研讨会，并发表论文 6 篇； 5. 本所有 4 人参加了河口第五届国际瑶族研讨会，并发表论文 4 篇； 6. 本所有 4 人参加了清迈国际瑶族研讨会（二次），并发表论文 4 篇。
主办国内外学术会议	1. 中国南方民族关系史研讨会，4 人参加，提交或发表论文 4 篇； 2. 瑶族民俗研讨会，国内外各 5 人参加，提交或发表论文 10 篇； 3. 广西瑶学研讨会，6 人参加，提交或发表论文 6 篇； 4. 金秀瑶学研讨会，国内外参加人数分别为 8 人和 1 人，提交或发表论文 8 篇； 5. 富川瑶学研讨会，国内外参加人数分别为 9 人和 2 人，提交或发表论文 9 篇。

民族非物质文化传承与发展国际学术会议"。会议有来自中国、西班牙、越南、澳大利亚和缅甸的专家学者近 40 人，会议主要围绕"华南与壮侗语族民族稻作文化""壮侗语族或侗台语言研究""铜鼓文化、歌圩、壮医、壮剧的传承与发展""云南坡芽歌书的价值与开发""壮傣民族的历史渊源"等学术议题进行讨论。2009 年 11 月 4—7 日，在南宁成功举办

"中越跨境瑶族经济与文化交流国际学术研讨会。会议共有来自中国、越南、韩国的代表56人，收到论文45篇。2010年10月21—23日，与越南国家民委民族研究院合作，在越南河内召开"融合与发展：越南、中国和东南亚各国少数民族"学术研讨会。这次会议是个案学校"中国与东南亚民族论坛"国际会议的外向延伸，是该校第一次通过与国外科研机构合作在国外召开大型国际会议。学院2009年以来共选派到国内外放学或参加学术会议的教师达30多人次。学院还与民族学人类学实力雄厚的中山大学合作，于2009年12月在个案学校设立了中山大学博士后流动站科研工作基地。这类学术交流活动为民族学与社会学学院的学科建设、科学研究、人才培养等提供了重要支撑，更为学院走向国际化发展之路奠定了坚实的基础。通过交流与合作，扩大了民族学学科的影响，增进了相互了解，加深了彼此友谊，推动了学术研究的进一步深入。

（五）工具书编写

民族学人类学研究所在工具书编写、少数民族社会历史调查等方面取得了丰硕成果。例如：《岭表记蛮》《元宵夜曲》《壮族历史人物传》《民族问题基本知识》《民族理论政策简明教程》《白裤瑶社会》《太平天国时期壮族农民反清斗争》《现代越南语概论》《当代壮族探微》《简明民族词典》《中国民族史新编》《少数民族习惯法》《广西民族大全》《壮族简史》《苗族简史》《仡佬简史》《湖南瑶族社会历史调查》《广西瑶族社会历史调查》《广西仡佬族生活历史调查》《瑶族研究文集》《南乡春色》《汉民族研究》《壮族传统文化与现代化》《东南亚文化文库》《越南民族和民族问题》等。

（六）教材建设

教材建设关系到教学工作开展的进度，民族学人类学研究所十分重视教材建设，积极组织编写适合于广西民族学院师生使用的教材。其中编写并多次修订了《民族理论民族政策基础》，还编写出版了《中国民族志》《世界民族志》《民族学概论》《考古人类学》《壮族历史与文化》等教材（见表5.2），并获得了较好的学术影响。

表 5.2　　　　　　　　　　　自编教材与出版获奖情况表

序号	教材名称	编著者	出版社	出版时间	获奖情况
1	民族理论与民族政策教学大纲	刘锷、周光大等	民族出版社	1981年1月	
2	京族简史	周光大等	广西民族出版社	1984年3月	获1978—1982年广西社会科学研究优秀成果获（学会级奖）一等奖
3	民族问题基本知识	张有隽、周光大等	广西民族出版社	1984年12月	获1987年广西民族研究学会学会级一等奖
4	民族理论与民族政策	刘锷、周光大等	民族出版社	1985年6月	
5	苗族简史	周光大、李廷贵等	广西人民出版社	1985年10月	获1978—1986年度贵州省社科优秀成果一等奖
6	民族理论政策简明教程	徐杰舜主编	广西教育出版社	1988年1月	
7	民族理论与民族政策	张有隽、陈衣、姚舜安、周光大等	广西民族出版社	1988年9月	
8	中国民族政策通论	张有隽、徐杰舜主编	广西教育出版社	1992年	1996年6月获广西普通高校优秀教材一等奖（省部级）
9	民族学概论	周光大著	广西民族出版社	1992年7月	获1993年广西高校科学研究成果二等奖、1990—1993年广西社会科学优秀科研成果三等奖
10	民族理论政策基础	张有隽主编	广西民族出版社	1995年12月	

序号	教材名称	编著者	出版社	出版时间	获奖情况
11	苗族历史与文化	周光大著	中央民族大学出版社	1996 年 10 月	1997 年 6 月获国家新闻出版总署。国家教委颁发优秀图书三等奖
12	世界民族志	张有隽主编	广西民族出版社	1998 年	
13	考古人类学	郭立新主编	广西民族出版社	1998 年	1999 年获广西区是社科优秀成果三等奖
14	民族学概论	周建新主编	广西民族出版社	1998 年	1999 年获广西区是社科优秀成果三等奖
15	民族理论政策基础	郭寿祖主编	广西民族出版社	1998 年 10 月	2001 年区高校教学成果一等奖
16	民族政策通俗讲话	毛翔、周光大等	广西日报社		《广西日报社》1998 年 8 月、9 月、10 月连载后汇编成书，作教材

民族学科研工作一直坚持立足广西，为民族团结进步而努力探索的指导思想，突出民族性和地方性的特点，同时不断学习和借鉴国外民族学人类学界的成功方法和经验，在民族理论和民族政策、壮族历史文化、汉族历史文化、壮族语言文学、瑶族语言文学等领域的研究取得了突出成就，各类科研成果在广西人文社会科学优秀研究成果奖评比中获奖无数，在国内外都产生了重要影响。从这些科研成果及其获奖情况观之，民族学硕士点经过多年教学、科学研究和人才培养等工作的实践，已经形成了以中国西南、华南少数民族、东南亚民族历史文化变迁、跨国民族等领域的研究特色，体现了融合"民族性、区域性、国际性"的研究生教育发展战略。

人们对民族学科研成果的评价并不都是积极正面的。民族学专家杨圣敏教授认为，我国的民族学研究还存在较多问题："（1）学术研究不够规范。在 20 世纪 80 年代之前，中国的民族学往往被等同于少数民族问题研究，学科界限模糊……（2）封闭与盲从的倾向。在中国民族学人类学界的部分学者中存在着对外封闭，自说自话的倾向；同时在有的学者中存在食洋不化，盲目照搬西方学界理论的倾向。这两种倾向都不利于学科的发展。中国民族学的发展，既需要加强与国外同行的交流，不断从国际学术界汲取营养，也要立足本土，以中国各民族和社会为主要研究对象，在本土研究的经验积累中逐步发展学科的理论与方法，以早日自立于世界学术之林。（3）创新性成果较少。由于学科基础薄弱，学术研究不够规范和浮躁风气的影响，中国民族学人类学的研究，经验和资料的壁垒较多，短期行为较多，实地调查不够深入，在理论上的原创性成果偏少。（4）缺少客观与中性的态度……"[1]。基于此，他还对我国民族学研究作了前景分析，认为中国民族学在政府和社会的关注下，基础理论和应用研究将成为民族学研究的重要方向，并且随着高校民族学系和人类学系高层次人才培养规模的扩大，培养机构培养更多在理论素养和研究方法上比较全面的高级人才，必然会充实民族学科研队伍，丰富民族学科研成果。[2]

个案学校民族学的科研虽然在数量和质量上都取得了不少的成绩，但不得不说，难免存在上述民族学研究的一些问题。正如民族学与社会学学院院长周建新教授所说：

> 过去我们比较重视"量"的积累，主要依靠科研成果的绝对数量取胜。而现在整个的形势早已发生了变化，大家都在发展进步，没有高层次的科研项目，没有高质量高水平的成果，要想得到学术界的承认那是根本不可能的。近年来我们也很注重田野调查，但是成果并不明显……我们学院的教师至今没有撰写出一部在国内外很有影响的民族志，这与我们所处的地缘优势和学科发展水平很不相称。因此，我们务必要转向抓质量抓水平，以质量求生存求发展赢声誉。

---

①　杨圣敏、良警宇：《中国人类学民族学学科建设百年文选》，知识产权出版社 2008 年版，前言第 6—7 页。

②　同上书，前言第 7—8 页。

三　民族学科研对研究生学术研究的影响

科研训练，是研究生培养的一种重要的教学方式，但是"不同层次的高校以及同一层次的高低年级、不同的学科专业，在具体要求和实施上是不同的。应用性学科专业与学术性学科专业的科研训练不同，专科生、本科生、硕士生、博士生的科研训练差异更大。一般地说，学术性学科专业的科研训练，它的要求高于应用性学科专业，层次越高的学生，科研训练的要求也越高，科研训练的方式方法也不相同"①。例如，可以通过科研环境的熏陶、研究生参与导师科研的实践、研究生自己申报科研课题等多种方式，训练研究生的科研能力。

首先，依赖雄厚的科研实力，培养民族学未来接班人。关于民族学学科师资及人才培养的方法和思路问题，张有隽教授在"加强民族学教学与师资培养"课题研究报告②中提出了"民族学院民族学学科点作为加强民族学教学和师资培养的基地，加强学科基地建设，推动全区民族学教学科研"的思路。这个思路的依据是，按照传统文化与现代化建设及族群关系变化和国家政治稳定、民族团结、社会进步对民族学学科提出的任务，利用广西民族学院民族学学科点被确定为自治区重点建设学科、具有硕士生授予权的机遇，以及学科点教学科研力量雄厚，经验丰富，图书资料齐全，与国内外同行联系面广的优势，举办本科班，招收硕士生，为广西区内各院校培养民族学师资；编写、出版教材、教学参考书；举办培训班、学术研讨会和报告会。通过在广西全区普及民族学知识，使新一代劳动者和接班人树立正确的民族观，提高现代社会人类个体文明水平，促进各民族团结进步。③ 可以看出，在 20 世纪 90 年代我国民族学在师资培养方面，主要途径是通过教师的教学与科研，编写教材，出版专著，学术交流等，不断为教师成长及研究生的培养打基础，以培养民族学学士、硕士等高级专门人才，以为全区科研院所培养民族学师资及相关科研型人才。

---

① 潘懋元：《新编高等教育学》，北京师范大学出版社 1996 年版，第 333 页。
② 该报告为当时广西民族学院民族学人类学研究所张有隽所长主持的世界银行贷款课题研究报告。
③ 张有隽：《张有隽人类学民族学文集》，民族出版社 2011 年版，第 40—41 页。

其次，研究生导师的科研特色，影响着民族学研究生学术研究的选择。个案学校拥有一批从事民族学人类学教学、科研的研究生导师，其中在科研方面有影响的教授学者主要有张有隽、范宏贵、徐杰舜、周建新、袁鼎生、周光大、玉时阶、韦树关、龚永辉、谢崇安、李富强、吕俊彪、秦红增、黄兴球、王柏中、李远龙等。他们中不乏为国内外知名民族学、人类学者，并大多具有高学历、学位，大部分担任了民族学学科的研究生导师，在民族文化、民族历史、民族教育、民族法学、民族经济、民族理论与政策等研究领域取得了丰富而具有特色的科研成果，为民族学研究生的学术研究及高层次学术型人才的培养创造了有利的科研环境。研究生可以在浓厚的科研环境中探究式地学习，也可以选择参与导师的科研课题，完成学年论文或学位论文。

"教师搞科学研究，不只是为自己出成果，更重要的是为了培养出高质量的人才。"[①] 由于学科方向的设置与导师的科研领域是直接关联的，而研究生的研究方向、研究领域、研究方法、研究内容等也是基本与导师保持一致的，所以导师科研，必然影响研究生学术研究的方向、内容、方法等的选择。个案学校民族学研究生导师的科研具有自己的特点，影响着该学科研究生的学术研究。例如，在研究领域方面，该校民族学主要聚焦于广西壮、瑶等华南诸民族及东南亚相关民族以及跨国民族的相关历史、文化、经济、艺术、教育等研究领域；在研究方法上，大多采用民族学最基本最重要的研究方法，即田野调查法。无论是几千字的学术论文，或是几千字的研究报告，抑或数十万字的专著等，其相关科研成果基本都是建立在田野调查所搜集的大量客观翔实的资料基础之上。从历年民族学研究生的发表的论文、学位论文来看，民族学研究生在论文选题、论文写作方法的选择上，基本"沿袭"了导师及其该学科的科研方向、内容和方法等。

最后，民族学科研平台的搭建，为民族学研究生的学术研究提供支撑条件。民族学国际学术交流的平台搭建、图书资料室的建设、田野调查课题项目的资助等，对研究生的科研水平的提高和成长，起到了很好的辅助作用。它们不仅有利于开拓研究生的学术视野，帮助研究生走向国际舞

---

① 潘懋元：《新编高等教育学》，北京师范大学出版社 1996 年版，第 336 页。

台，而且有利于改善研究生的科研环境，在人力、物力和财力上为研究生提供帮助，锻炼研究生搜集资料的能力、实践能力、社会交往能力等，促进着研究生科研能力的提高，帮助研究生走向学术之道。

第六章　民族学学科研究生学术素养的培育

　　学术素养是研究者应具备的学养和研究素养。学术素养是系统性的，是一个包含多个方面素养的整体。对于学术型研究生，学术素养是学术型研究生学习和研究必不可少的修习和涵养，缺乏相应的学术素养，势必影响学术和科研能力。学术型研究生的学术素养需要得到系统的培育，并且需要一个培育的平台。民族学学科在培养研究生的学术素养方面采取了一些有效的措施，使得民族学研究生的学术素养得到了系统培育。

一　学术型研究生学术素养的系统性

　　学术型研究生就是"以学术研究"为"生"，因此学术素养就是研究生生存和发展的知识和文化资本。正如我国著名数学家王梓坤院士所言："研究生，研究生，研究则生，不研究则不生。"那么学术型研究生需要具备哪些学术素养呢？

　　由于学科知识结构的差异性，不同学科对研究生的学术素养的要求不尽相同，因此不同层次和类型的研究生，其学术素养存在较大差别。有学者认为，社会学专业"研究生学术素养的培养应包括专业素质、科学素质、创新素质、人文素质以及哲学素质等五方面的教育"[①]。"文科研究生是培养社会科学高级人才的主要阵地，是国家教育的精华部分，在国民经济发展和社会文明进步过程中的地位至关重要。研究生良好的学术素养的养成，不仅需要树立正确的世界观和方法论，还要面向时代前沿问题及现

　　[①]　谷中原：《社会学专业研究生学术素养教育论略》，《长沙铁道学院学报》（社会科学版）2002 年第 3 期。

实问题，勇于创新，勇于探索，在不断的学术积累与积淀中走出一条独具特色与风格的学术研究之路。"① 也有学者从研究生投稿的视角出发，发现"近两年研究生网上投稿呈上升趋势，在大量的研究生稿件中存在投稿的功利性和盲目性、稿件撰写不规范、论文质量不高等问题"，并认为"应从研究生选拔、净化学术环境、加强导师师德建设和研究生自我教育等几方面入手，进一步提高研究生的学术素养"②。

民族学由于学科性质的独特性，对该学科培养的研究生的学术素养要求也是不一样的。例如，民族学学科带头人周建新教授认为民族学研究生应该具备以下学术素养：

> 关于研究生学术素养的问题，我认为最为关键的就是学习能力的提高问题。研究生一定要具备自我学习和自我实践的能力，务必要有发现问题、提出问题、思考问题和解决问题的能力。首先，要善于发现问题，这是体现学术感悟力的问题。其次，要善于提出问题，这是体现知识积累和思辨能力的问题。再次，要思考问题，也就是分析问题，这是判断价值观念、逻辑思维、创新理念的问题。我经常对我的研究生讲，"思想的力量比子弹更强大。子弹虽能穿透我们的肉体，而思想却能穿透我们的灵魂"。最后，就是解决问题，这是体现综合能力的问题，包括组织规划、沟通交流、实际操作等问题。所谓"提出问题比解决问题更重要"，我并不是很赞同，它需要对前提进行一个假设。因为解决问题的能力才是对前面所有能力的综合检验。我们现在的学生就是能说会道的多，真正踏实能干的少。我想以上也可以简单概括为"知书达理有品位，踏实能干会创新"。另外，随着全球化的趋势的发展，世界越来越小，沟通变得愈来愈重要。因此熟练掌握一门外语，是研究生必须做到的，有了外语这个工具，这将对查阅外文资料、进行国外实地调查等都有很大帮助。

---

① 刘国荣：《文科研究生学术素养养成的基本途径》，《延安大学学报》（社会科学版），2009 年第 2 期。

② 张京梅：《浅谈研究生学术素养——从研究生投稿存在的问题说起》，《西北民族大学学报》（哲学社会科学版），2008 年第 4 期。

研究生教育属于高等教育的最高层次，与本科教育有着较大的差异。《中华人民共和国高等教育法》第十六条规定：本科教育旨在"使学生比较系统地掌握本学科、专业必需的基础理论、基本知识，掌握本专业必要的基本技能、方法和相关知识，具有从事本专业实际工作和研究工作的初步能力"；"硕士研究生教育应当使学生掌握本学科坚实的基础理论、系统的专业知识，掌握相应的技能、方法和相关知识，具有从事本专业实际工作和科学研究工作的能力。博士研究生教育应当使学生掌握本学科坚实而广泛的基础理论、系统深入的专业知识、相应的技能和方法，具有独立从事本学科创造性科学研究工作和实际工作的能力。"从培养目标看，较之本科教育，研究生教育更强调学生"研究能力"或"学术素养"的培养。对于不同类型的研究生来说，其学术素养的要求又有所不同。这一点我们在第一章中也已有论述。

可见，不同主体对研究生的学术素养内涵的意见不尽一致。我们认为，学术素养是一个从事学术研究的研究者应该具备的素质和修养。学术型研究生作为研究生教育的培养对象和实践主体，其学术素养应该是系统性的，包括理论素养、方法素养、独立探究问题的素养、跟踪学术前沿的素养、开拓学术疆域的素养以及良好的学术态度等。往昔，我们相对强调理论素养和方法素养，而忽视其他素养方面的培养，这对于高层次人才的培养是远不能"达标"的。研究生的学术素养直接反映研究生对学科理论与方法的掌握度，对学术前沿的敏感度，对创新思维的运用度，以及所具有的科研精神等。不管是理论的运用，还是方法的选择，抑或是对学术前沿的把握，它们是相互影响、相互制约的，其中某个方面存在缺陷或不足，都将对研究生的整个学术研究甚至整个学术人生产生深远的影响。概言之，研究生的学术素养是一个结构分明、功能耦合的集合体，具有整体性、复杂性和系统性。这需要研究生培养主体在研究生培养的过程中，全面系统地培养研究生的学术素养，促进研究生的综合素养、能力的全面提升，培养真正优秀的研究生，而不能片面地、局部地培养研究生某一方面的学术素养，忽视任何其他方面的学术素养的培养。那么，对于研究生培养机构或其他培养主体来说，应该采取什么样的方式方法来系统培育研究生，尤其是学术型研究生的学术素养呢？我们从田野点及个人的实际经验出发，总结了研究生学术素养系统培育的几种有效的方式。

二　田野调查与研究生学术素养的系统培育①

田野调查不仅是民族学最基本、最重要的研究方法，从民族学研究生培养的视角来看，它也是一种创新的教学实践模式，发挥民族学研究生学术素养系统培养的教育功能。田野调查具有专业性与专门性、实践性与人文性、研究性与学术性等特征，这与民族学研究生应该掌握的理论素养、方法素养、把握前沿的素养、创新研究的素养和超然的学术态度等学术素养的基本内涵是一致的。基于此，探讨田野调查对民族学研究生学术素养的系统培育的功能、实践及其思考，对于把握田野调查的本质和丰富田野调查的内涵具有裨益的。

（一）田野调查的内涵与特征

1. 田野调查的内涵

在西方民族学中，田野调查被称为民族学实地调查，又称为人类学田野工作（Anthropological Field Work），"是民族学家获取研究资料的最基本途径，是'民族志'（Ethnography）即'记述民族学'（Descriptive Ethnology）架构的源泉"②。田野调查是民族学、人类学最基本也是最重要的研究方法，是一种广泛应用于人类学、社会学、考古学、语言学等多学科领域的研究方法。所谓田野调查，指的是经过专门训练的民族学工作者亲自进入民族地区，通过直接观察、访谈、居住体验等参与方式获取第一手研究资料的过程。田野调查被视为民族学创新研究成果的基石，也是民族学走向科学性的重要拐点。具体来说，民族学田野调查要求研究者对田野点进行较长时间的实地观察，对某一社区的人群及其生活方式进行亲身体验，从事长期性的调查工作，学习并使用当地人的语言，参与当地人的日常社会活动，熟悉当地人的生产生活状况，了解

---

① 本小节主体部分为笔者公开发表的一篇论文：《田野调查视域中民族学研究生学术素养的系统培育》，《玉林师范学院学报》，2012年第1期。

② 林耀华：《民族学通论》，中央民族大学出版社2003年版，第150页。

当地人的思想观念、宗教信仰和政治制度，并在此基础上撰写民族志或田野调查报告。为了更深刻地理解田野调查的内涵，我们访问了中国少数民族艺术学科带头人谢崇安教授（感谢黄丹丹、谭密、向红、陈凤娥、陈阳等同人对访谈资料的搜集和整理）。他从比较的视野诠释了田野调查的过程及意义。

中国少数民族艺术学科带头人谢崇安教授谈民族艺术田野调查方法

访谈者：据我所知，民族艺术比较侧重于"艺术"，民族史会比较侧重于"历史"，老师您平时对研究生在田野调查方面的要求，与其他专业有什么不一样吗？

谢崇安教授：首先，要从学科分类来讲，民族艺术设在民族学下面的二级学科，民族史也是设在民族学下面的二级学科，从大的角度，一个是从民族学角度研究历史，一个是从民族学角度研究艺术，所以跟纯粹的艺术学研究不一样，我们有侧重点。关注的重点不一样。不过，田野的调查方法都是共同的，都要学习民族学田野调查。我们在课程中专门设了一门艺术人类学田野调查方法，他们有着共同的地方，只是调查对象不同而已。上艺术人类学调查这一门课。写调查提纲，设计问卷，如何做个案，是有一套程序下来的，该怎么做，录音的录音，拍照的拍照。是有严格要求的，不按照我的要求做，那就免谈，设计三个月的田野调查期，实际上他们一般都没有达到这个要求，你不深入下去就不能获得很好的材料，不会设计好的问题，还是会空手而回的。

访谈者：那他们采取的方法也会跟一般的田野用到的方法不太一样吧？

谢崇安教授：应该是一样的，甚至跟你的专业民族教育的田野方法也是一样的，只是对象不一样而已。

访谈者：我个人觉得，民族教育研究比较侧重于问卷调查、分析和访谈，民族艺术会不会比较侧重于实地的拍摄之类的？

谢崇安教授：这个是一个方面而已，比如说吹奏这个乐器啊，必须要访谈，要有个案，个案的调查就渗透在里面的，乐器不能随便乱吹，铜鼓不能随便乱打的，很多文化的东西在里面，必须要通过访谈才能知道。用完的时候要匿藏起来，专门有人保管的，用的时候拿出来，有一个仪式的。很复杂的，开鼓的仪式之类的，我们不仅仅研究这个鼓怎么打，有什么节奏，这只是其中的一个方面，很小的一个方面，更多的是代表的文化含义。你们搞民族教育也一样，我们强调综合性，整体性来研究对象，教育也一样，分为家庭教育、学校教育等等，内容是非常广泛的。纯粹的教育学跟教育人类学又不一样，教育人类学更广泛，涉及更多的交叉学科。艺术人类学也一样，不像艺术学，学艺术的人不懂这些的，只会作曲啊之类的。我们是为什么要创作，要把因果联系，各种文化联系之类的揭示出来。

问：但是可能会有这样一种情况，下田野之前设计的问卷和访谈提纲之类的，都觉得挺好，一下去之后就发现完全没有用的，这种情况您一般让学生如何处理？

谢崇安教授：这个正常，理论到实际是有一段距离的，用学会的理论去分析你所获得的材料，需要训练的。

问：您对您的学生的三个月的田野期的要求是必须要的吗？

谢崇安教授：不会，回来做报告就好了。因为做毕业论文的时候，就需要把调查报告的内容反映出来的。

访谈者：那不是会存在这样的问题？没有去到三个月，那您不是也不知道的啊？

谢崇安教授：说实话，很少有人能真正的去到三个月的。包括有时候我们老师，有几个是一天到晚都在调查点待着的？最多是十来天或是半个月的。分多次下去，有的可能是去了三四次的。不会说一下子就待三个月的，待一个月就很不错了。这跟大的环境有关，我们下去调研的话，课时数就无法达到。现在是200多节，我2009年以前，加上本科生就是400多节课的。

从谢教授的访谈中，我们发现，田野调查的内涵是极为丰富的。无论是田野调查前的准备工作，包括专业素养的训练、调查的内容设计等，还是田野调查过程中的实践，包括观察、访谈、记录以及社会交往、生命安全等，或者是田野调查结束后的总结工作，包括资料的整理、调查报告的撰写及作品的呈现等，田野调查的方方面面，都是一名合格的民族工作者所必须明了和把握的。

2. 田野调查的特征

民族学田野调查是民族学过程中形成的一种具有本学科特色的研究方法，与一般的调查研究既有共同之处，也有自身鲜明的特色。林耀华先生等认为民族学实地调查（田野工作）具有以下特征：社会性和多元性；文化性和生活性；历史性和现实性；实践性和探索性、艰苦性和变化性。① 我们认为田野调查主要有以下几个特征。

（1）主体的专业性与专门性

田野调查的主体是经过专门训练的民族工作者。所谓"民族工作者"就是从事民族事务、民族研究的工作者或民族学者。其主体的身份带有浓厚的民族性。"经过专门训练"强调田野调查者应该具备民族学及其相关学科的理论知识，包括民族学学科前沿、热点和焦点话题、理论与方法等。因此，对于田野调查的实践者来说，对民族学学科知识体系需要有一个系统而全面的了解。

（2）过程的实践性与人文性

在田野调查的过程中，需要主体"身临其境"，选择"直接参与观察"或"间接参与观察"的方式，参与所考察或研究的研究对象的生活情境中，以期获取客观有效的研究资料。这种与研究对象的吃穿住行高度统一性的调查过程，具有浓厚的实践性。另则，田野工作者还需要学习当地语言，经常与当地人打交道，开展各种社会交往活动，体验各种人情世故，学会尊重当地民族风情等，在人与人之间的互动过程中，无不彰显一种民族精神、人性魅力与人文关怀。

（3）成果的研究性与学术性

田野调查的目的就是为民族学研究而服务。在田野调查的准备阶段，需要对研究的主题的价值性、科学性、可行性、创造性等进行严密的论证；需要对调查活动进行调查设计；做好调查前期的准备工作，包括与研究主题相关的历史文献资料，组织调查队伍，配备必需用品等。在田野调查的过程中，需要紧紧围绕研究主题，做好相关记录，每天坚持写田野日志。田野调查结束时，需要遵循客观事实，撰写民族志，形成调查报告或

---

① 林耀华：《民族学通论》，中央民族大学出版社 2003 年版，第 156—160 页。

研究报告。田野调查最终呈现给公众的研究成果，应该是具有一定研究意义和学术价值的素材或作品。

(二) 田野调查与研究生学术素养的关联性

田野调查是民族学研究生必须掌握的一种基本的民族学研究方法。如果仅仅从方法本身出发，或许我们只能发现田野调查作为人文社会科学中重要方法的工具性意义。倘若我们从研究生学术素养的视角出发，或许我们会发现田野调查还可以担当起系统培育研究生学术素养的重要功能。田野调查的实践与学术素养的系统培育在某种程度上具有同一性。从人才培养的视角看，在当下研究生培养模式急需创新的背景下，通过田野调查的实践方式对民族学研究生的各种学术素养进行全面系统地培育，将是民族学人才培养模式的又一意义深远的变革。那么，田野调查与民族学研究生学术素养的系统培育之间到底存在何种关联？

首先，田野调查对主体的要求与民族学研究生学术素养的内涵存在一致性。如前所述，民族学研究生参与田野调查的实践，首先应该具备较扎实的民族学理论知识，了解民族学系统的经典理论和研究方法，善于把握民族学学科前沿；要有对所要调查的研究课题进行价值性、可行性和科学性的判断能力；要有对田野调查进行详尽设计的能力，对田野调查过程中遇到的问题要有应对能力等。这些对研究生的能力要求正是与对民族学研究生学术素养的基本要求共生共谋的。

其次，田野调查的实践过程是民族学研究生学术素养的养成过程。在田野调查过程中，民族学研究生需要面对不同的自然环境和人文社会环境，这就需要培育学生在观察和访谈中的语言表达能力、社会交往能力、处理问题的应变能力、和谐的民族精神以及良好的心理素质等。诚然，民族学研究生在田野调查的实践过程中需要掌握的能力素质不仅囿于上述所列，然而值得肯定的是民族学研究生学术素养在田野工作的实践中得到了很好的锻炼、检验和系统的培育。

最后，田野调查的成果是民族学研究生学术素养的综合体现。民族学研究生进行田野调查的目的是为了搜集第一手素材，撰写民族志，形成研究报告，撰写学术论文。而最终的研究成果则是研究生学术素养的最直接的体现。学术作品中对搜集的田野资料是否全面、客观，是否伪造"田野日志"，调查材料是否足以论证研究结论、是否基于对民族学学科前沿和经典理论的理性思考，在观察和访谈的具体方法运用中是否恰当等，从不同侧面会直接反映出民族学研究生的理论素养、方法素养、把握前沿的素养以及学术道德等研究生学术素养的问题。

（三）实践与反思

1. 田野调查方法课与实践的结合

通过上述探讨，可以发现田野调查兼具民族学方法与教育的人才培养的双重功能。如果在实践中得以实施与检验，将为研究生教育教学模式创新提供典范。事实上，但凡开设民族学、社会学、人类学等专业的研究生培养单位都会要求学生参与田野或实地调查的实践，并且通过《民族学调查方法》《民族学理论与方法》《人类学方法论》《社会学研究方法》《民族学通论》《文化人类学概论》等课程对田野调查方法进行全面阐释。尤其是在毕业论文方面，要求研究生必须建立在客观、翔实、有价值的田野调查资料的基础之上。然而，时常发现，尽管学生了解了田野调查方法的"规程"，但在田野过程中仅仅把它当作一种获取研究资料的手段，在民族学研究生导师中也存在这一问题，他们并未强调或者认识到田野调查的学术素养系统培育的功能。所幸的是，尽管"先进尚少"，但"典范依存"。

个案学校的民族学在全校、整个广西，甚至在全国都很有特色也很有影响力的一门学科，该学科在人才培养上取得的巨大成功，是与民族学与社会学学院在研究生人才培养模式上的创新是分不开的。其中一个亮点就是学院及学科带头人尤为重视学生的实践性学习，而田野调查便是这种学习方式的集中体现。例如，民族学与社会学学院的秦红增教授开展的《田野调查与民族志写作》教学实践模式研究，就是为提高学生田野调查的实践能力而做的一项应用性研究；民族学与社会学学院与地方政府部门合作，在广西境内设立了 16 个田野调查实践基地，为研究生参与田野调查实践、科研论文的撰写等提供了很好的平台；个案学校实施的田野调查和社会调查（获助项目）（见表 6.1）、研究生毕业论文（见表 6.2）、研究生教育计划创新项目（区级与校级）等，都建立在大量田野调查基础之上，以田野调查为方法论要求开展调查研究；该校以民族学与人类学为特色栏目的《广西民族大学学报》（哲学社会科学版），也以刊发建立在大量田野资料基础上所撰写出的学术成果。可见，这些"元素"无不体现田野调查在研究生教学、科研和人才培养方面的重要性，并且事实上在研究生培养的实践中确实也发挥了实质性作用，推动着研究生的学术成长。

表 6.1　广西民族大学民族学 2009 年、2010 年研究生田野调查和社会调查立项名单

年份	人员名单	专业	项目名称
2009	PJG、QZP	民族理论与政策	边境瑶族村寨经济发展与和谐社会构建——基于那坡县平孟乡坡塆屯调查研究
2009	LB、CX	中国少数民族史	少数民族村寨传统文化资源与乡村整合——以广西龙脊壮族村寨为例
2009	ZL、LYY	中国少数民族史	瑶族寄宿制教育发展状况研究——以广西都安瑶族自治县隆福乡六山村完小为例
2009	QWR、WYY	民族学	人类学视野下村庄规划的现代转向研究——以桂林永福县罗锦真南登屯为例
2009	LP、WTT	民族学	桂西壮族"戒邦"仪式的解读
2009	LC、CX	民族艺术	南丹白裤瑶的拉篗人类学调查
2010	ZY、CYJ	民族学	多民族地区的族群互动与认同研究——以广西大化七百弄乡为例
2010	DW、ZY	民族学	融水苗族"埋岩"的社会功能研究——以广西融水苗族自治县大年乡高翁村为例
2010	XJ、DXF	中国少数民族艺术	广西壮族天琴形制演变及文化变迁研究——以龙州县金龙镇板池屯为例
2010	SZ、WXY	中国少数民族经济	乡村旅游与乡村都市化模式研究
2010	RT、RK	中国少数民族史	广西瑶族医疗文化变迁

注：本表根据广西民族大学研究生处公布的文件通知整理而成。

民族学研究生教育及其学位点是伴随民族学学科的建设和发展而发展的。其研究生培养模式也应随着经济社会发展、学科定位和专业培养目标与规格的调整而不断变革。民族学作为一门综合性较强的人文社会科学学科，需要培育综合素养较高、实践能力很强的研究生，而田野调查正是满足这种人才培养需求的恰切选择。对于民族学研究生而言，田野调查可以

表 6.2　　　广西民族大学民族学专业研究生毕业论文选题（部分）

年级	姓名	专业	毕业论文题目
1999	TCD	民族学	中国壮族与越南岱族、侬族祖先崇拜的比较研究
1999	LYL	民族学	姓与继嗣：一个盘瑶村落的顶姓继嗣及其变迁
1999	CLX	民族学	河罩：都市里的边缘族群
1999	ZX	民族学	商品生产、集市与亲属制度变迁——以广西恭城黄圯岗瑶族为例
2000	HWH	民族学	民族地区小学教师管理现状及对策研究——以融水县白云乡和怀宝镇为例
2000	ZMQ	民族学	石山地区民族生计方式对生态经济调适的比较研究——以弄拉高山汉、弄石布努瑶两个石山屯为例
……	……	……	……
2004	GL	民族学	民族范畴的分形性观察——以隆林各族自治县仡佬族为具体对象
2004	HYT	民族学	恭城瑶族自治县基础教育发展研究——以恭城中学为个案
2004	XX	民族学	"傲气"的解释与村落的仪式——一个屯堡村落中地戏的民族志考察
2004	LY	民族学	一群特殊孩子的成长问题研究——以广西大新县瀍江村跨国民族婚姻子女成长个案为例
2004	LJ	民族学	女性视角的跨国民族婚姻研究——以中越边境地区广西大新县德天村个案为例
……	……	……	……

注：本表根据广西民族大学民族学与社会学学院资料整理而成。

作为探索性研究的手段，对研究主题的价值意义进行判断；也可以作为描述性研究的方法，对研究对象进行全面性、系统性地描述；同时也可以通过田野调查开展解释性研究，对提出的民族学理论假设进行分析和检验。当然，田野调查也是理论性研究的基石，帮助民族学理论的架构，而理论的架构和检验正是通过田野调查这个中介来实现互动的。类似于美国社会学家华莱士在《社会学中的科学逻辑》中提出的"科学环"①，民族学研究生可以通过田野调查，把自己置于理论与观察之间，对民族学理论与现实问题或现象进行深入反思与研究，以期获得学术认同的研究成果。如所

---

①　风笑天：《社会学研究方法》（第二版），中国人民大学出版社 2005 年版，第 32—34 页。

周知，国内外民族学家的学术成果大多是田野调查实践经验与理性思考的结果。他们往往都有各自的田野点，这是他们在学术界立足的根本。综观中西民族学界，如：1874 年，英国不列颠科学进步协会编印发行的民族学田野考察专业手册《人类学的记录和询问》，成为民族学学科产生的一个标志。德国进化学派先驱、民族学家阿道夫·巴斯蒂安在旅行中著的《民族学研究和资料的搜集》、美国民族学家摩尔根的《易洛魁联盟》（1851）、詹姆斯·乔治·弗雷泽的《金枝》、费孝通的《江村经济》等，这些成果无不通过田野调查而收获颇丰。

民族学研究生要在学界取得有价值和意义的成果，成为拥有丰实民族学素养的学者，就不得不自觉地走向田野，参与田野实践。这不仅可以在无形中丰富民族学研究生的学科知识体系，对其理论、方法素养及科研能力等的提高也有极大的帮助。

例如，研三民族学专业某研究生说："田野调查可以提供论文的素材，确保了材料的真实性和可信性。在田野调查中，会从调查现象出发，所观所感都具有独特性，而独自完成田野调查中，更能深刻理解田野调查的深层次含义，也更能体会到田野调查对于民族学的重要性，以及本身的魅力。"

跨国民族方向某研究生说："我是一个从小在城市里长大的孩子，不知道与我不同的还大有人在。下乡，给我展开的是另外一个世界，在一定程度上影响了我待人处事的方式。不仅如此，下乡给我的毕业论文带来了许多一手资料，没有田野调查，就没有写论文的权利。我想理科生也同样，没有实际的演算与试验，就不能挺直腰板说 $1+1=2$。"

在研究生看来，田野调查对于他们最重要的意义主要是方法层面的。大部分研究生认为，田野调查是他们搜集论文第一手资料的手段和工具。

关于田野调查，中国少数民族史学科带头人李富强教授就从研究生理论素养层面出发，强调了田野调查前理论准备的重要性。他说：

听过我讲课的学生都知道，对于田野调查的方法在课堂上我讲得很简单。因为田野调查它本身是一个实践性很强的活。既然实践性很强，那你就不可能纸上谈兵，在课堂上说的头头是道那没有什么意思。而且有很多内容我认为不是在田野调查方法的这个课堂上应该讲的，而是作为一个正常的成年人都应该懂的东西。现在有很多人在谈田野调查方法的时候认为准备好东西，比如必要的笔记本，手电筒，药品等，这些就是田野方法，但是我认为这些不是这个学科该讲的东西。你去做田野我只问一个问题：你理论准备好没有。做田野首先就是要有理论准备。理论准备就是刚才所说的问题意识。这个问题前人是怎么样研究的，研究到什么程度，我该如何研究才能在前人的基础上来完善它突破它。我说的问题意识首先是理论上的。首先是理论问题。我们做理论研究跟社会工作者、公务员、官员所做的调研不同。我们的问题它首先是一个学术问题，任何问题都是在学术史当中的一个问题，任何问题前人肯定都做过研究，那么首先你就要敏锐地发现这些问题，然后去了解前人研究的状貌，前人是怎样进行研究的，在这个基础上你该如何完善它突破它。这个就是理论研究。理论准备得越充分，你的田野才能做得越好。这个就好比做文献综述。但是说到文献综述，我发现在我们研究生毕业论文的开题报告中，就有很多同学做得不到位。他们只是进行了一个空洞的罗列，没有把握住所要研究问题的关键点和焦点，没有揪出问题的核心要害。所以根本就没有形成对问题的分析。这个是很致命的。所以我认为田野调查属于技能层面的东西，它是研究生的素养中所必须的。另外作为一个研究生为人处世这种素养也不可或缺。要不然的话你在田野的时候就会处处碰壁。如果只是一个书呆子，什么都不会，不会跟别人打交道，不会做一些跟人相处的工作，那么做田野的时候是很难让别人配合你的调研的。为人处世，做事是一样重要的。所以我们有一些学生，特别是那种书呆子气很重的学生，在做田野的时候就会受到影响，这样就直接影响到做田野的质量。不能跟群众打成一片，以高高在上的姿态对待他们，他们当然不会为你提供你所需要的资料。因为你游离于他们之外，你所得到的当然也只是一些表面的东西。(感谢黄丹丹、谭密、向红、陈凤娥、陈阳等同人对访谈资料的搜集和整理)

2. 田野调查与学术素养培育的反思

研究生学术素养的培育是研究生培养过程中尤为重要的环节。其培育结果如何将对研究生科研能力、研究生导师的指导、研究生教育质量等都会产生深刻影响。民族学研究生的学术素养关系到民族学研究生科研能力、民族学研究生导师指导学生的方法以及民族学研究生培养的整体质量等。因此，系统培育民族学研究生的学术素养变得尤为重要。然而，民族学研究生在理论基础知识学习、课程与科研论文撰写、资料的搜集与整理、语言表达、学术规范与道德等诸多方面表现出相关学术素养缺失的现象。因此，需要通过某种恰切的途径来解决这一复杂的问题。田野调查作为民族学研究方法之一，在民族学研究中发挥不可替代的基础性作用。随着田野调查方法在人类学、社会学等多学科领域的广泛应用，它的意义已经不再囿于方法上的"通用性"，并且在研究生学术素养培育方面释放出特殊的人才培养功能。通过对民族学田野调查方法与民族学研究生学术素养培育的相关性思考，可以发现：通过田野调查来系统培养民族学研究生的学术素养，将是对田野调查方法又一创新功能的探究，也是创新民族学研究生教学模式的实践。这也是本文所要彰显的要义所在。

1. 培育单位应重视田野调查的学术素养系统培育功能

田野调查被当作民族学重要的研究方法，得到了学界的认可。然而，很多培养单位、研究生导师对田野调查的这种研究生学术素养的系统培育功能却"视而不见"或根本就还"没有见"。随着研究生培养模式的变革，应该充分发挥田野调查的人才培养功能，让学生的学术素养在田野调查中得到系统培育。

为此，在讲授《人类学方法论》课的基础上，建议单独增设《田野调查方法》课程，并定为专业必修课，设置两个学分。在授课形式上，注重田野调查方法与实地调研的紧密结合，在了解方法的"规程"之后，可以让学生根据自己的需要进行一次系统的实地调研，并依据现实条件提供人力、物力和财力上的支持。这个过程包括选题、调查设计、做调查、撰写调查报告和学术论文等。通过对这门课程的系统学习，发挥田野调查对民族学研究生的方法掌握与实际运用方面的重要作用，同时也使得研究生的学术素养得到全面训练。

民族学十分重视实践，但是过分强调它的实践性与应用性，而忽视研究生对学科、专业理论的系统学习，这将可能导致学生对学科前沿领悟能力的缺失，在理论研究上难以取得创新性科研成果，给研究生的成长与成才也势必带来负面影响，民族学理论和方法的发展也将受到限制。许多国家的研究生教育专家指出，现代研究生同以往早期培养的要求已经有了根本区别，现代研究生要求多学科知识修养，既专又博，既要有熟练的技能，又要有较强的科研能力和对研究方法的深刻掌握，还要有更好的道德规范等。① 当然不同类型的研究生对这种素养的要求也是存在差异的。因此，在民族学研究生培养方式上，对于学术型研究生和应用型研究生的培养，应该有所选择性的"偏废"。对于学术型研究生应该注重培养其理论与方法的素养、把握学科前沿的素养以及超然的学术态度等，而对于应用型研究生，应该为其提供更多的实践机会，培养其语言表达能力、社会交往能力等适应社会经济发展的能力素养。因此，田野调查作为一种创新的教学模式，就可以有选择性地倾向于不同需要的民族学研究生群体。

2. 民族学研究生应充分利用田野调查系统培育学术素养

田野调查总是让人充满情感和向往。因为在出发前，就已经把研究者带进了那原始的静谧，尽管充满未知，但惊险与惊奇同在；在旅途中，便把研究者带进油画般的意境，尽管跋山涉水，但辛苦与快乐同在；当抵达目的地时，又把研究者带进那多样的异文化，尽管封闭或"野蛮"，但"文化震惊"与"文化认同"同在。在某种程度上，田野工作已经成为研究者生活的一部分。

然而，作为民族学研究生，在田野调查的过程中，除了要知道自己是一个"观察者"，更应意识到自己作为民族学研究者的身份，需要倾注"对人性的关注与社会的责任"②，坚守民族学研究的使命。那么，鉴于这种责任和使命，民族学研究生应该要懂得充分利用每次田野调查的机会，在田野调查的准备、实践、总结的过程中，有意识地去培养自己的科研能力与学术素养，使自己的民族学理论素养、方法素养、把握学科前沿的素养、创新研究的素养以及良好的心理素质与彰显民族精神的人文素养等得到全面、系统和整体性的培养。

---

① 刘鸿：《我国研究生培养模式研究》，中国海洋大学出版社 2007 年版，第 111 页。
② 周大鸣、秦红增：《田野工作的情感——兼论毛泽东早期调查的田野价值》，《思想战线》，2002 年第 4 期。

三　学术演讲与研究生学术素养的系统培育①

演讲是当今社会非常普遍的社会活动，存在于社会各个领域。学术演讲是一种特殊的演讲类型，它有着悠久的历史，并在数千年前就释放出了特殊的人才培养功能。如今，学术演讲在神圣的大学殿堂随处可见。遗憾的是，当下的学术演讲多为"专家"或"学者"主导型的演讲，在角色扮演中，学生主要扮演"观众"而不是"演员"，学术演讲的人才培养功能没有得到最大限度的发挥和释放。如何扭转这种人才培养方式"本末倒置"或"重心偏离"的情状，让学生成为学术演讲舞台上的"主角"，为研究生成长搭建利好平台？广西民族大学开展的"研究生学术演讲比赛"活动，无疑为研究生培养模式的理论创新与实践提供了新的诠释。

（一）学术演讲是一种源远流长的人才培养方式

具有学术特性的演讲古已有之，它伴随人类文化教育数千年。早在古希腊时期，苏格拉底倡导的"产婆术"或问答法，柏拉图创办的阿卡德米学院的讲座、师生讨论、专题报告等，虽不是严格意义上的演讲，但均彰显演讲的品性，渗透着演讲的技巧与方法。后人熟知的亚里士多德的《修辞学》（*Rhetoric*），则是一部关于演讲的经典著作。古希腊的教育非常重视受教育者演说能力的培养，作为"七艺"之一的"修辞学"，被定为学生的必修课。最初的雅典大学便主要是教授哲学和修辞学。随后，古罗马继承和发展了古希腊的文化教育，雄辩术教育倍受重视。此时的雄辩术教育不是为了发展和繁荣学术，而是为古罗马培养政治雄辩家。比如，公元前 2 世纪的修辞学校，专门招收 16—18 周岁的贵族青少年，以培养善良而又善于辞令的演说家。从某种意义上说，古罗马文化可称之为"演说家文化"。雄辩家的产生和雄辩术教育的推广，极大地推进了演讲的研究与实践，深化了人们对演讲的认识。古罗马雄辩术教育的积极提倡者西塞罗认为，一个名副其实的雄辩家，必须能够就眼前任何问题，任何

---

① 本小节主体部分为笔者与合作者公开发表的一篇论文。参见刘前程，刘子云：《学术演讲：研究生学术素养系统培育的平台》，《高教论坛》2012 年第 9 期。

需要运用语言艺术阐述的问题，进行演说，以规定的模式，脱离讲稿，伴以恰当的姿势，得体、审慎地进行演说。同一时期的雄辩术教师、教育家昆体良，也是一位雄辩术教育的推崇者，他著有经典的传世之作《雄辩术原理》（*Institutio Oratoria*）。该书谈到：雄辩家通过文法学校和修辞学校来培养，即先在文法学校修完雄辩家所必需的基础知识以后，然后进入修辞学校接受演讲术的训练。①

中世纪大学也非常重视演讲训练，作为大学主要的教学方法之一，辩论得到了以学生为主导的博洛尼亚大学和以教师为主导的巴黎大学的推崇。13 世纪的巴黎大学，教师每两周给出辩论的题目，由学生进行辩论，然后教师对这些问题进行力所能及的解答，对学生的不同论据及其论证的正确性和优缺点作出结论或总结。中世纪大学的辩论有其严格而独有的规则，即辩论必须遵从亚里士多德《工具论》中的逻辑规则。可以说，中世纪大学时刻充满着论证和辩论的精神，自由演讲权更是大学的一项重要自主权。

无独有偶，古代中国的人才培养颇有相似之处。《论语》所展现的孔子及其弟子之间对话技巧，完全可以与《理想国》相媲美。战国时代的稷下学宫、宋元明清时期的书院等古代中国之教育机构的教学，也都带有浓厚的演讲与论辩色彩。齐国的稷下学宫汇集了当时各国来稷下著书讲学的学者，这些学者大多学术造诣较深，不乏才华，被称为"稷下先生"。由于稷下学宫容纳百家、思想自由，使其成为一所集讲学、著述、育才活动为一体的高等学府。稷下先生们在此举行定期的学术集会，即包括演讲、讨论、辩论之类的学术交流会。战国时代的政治多元性，使百家论辩成为风气，稷下学宫出现了许多雄辩之才，如被称为"天口骈"的田骈，"谈天衍"的邹衍等。这些辩才及其辩论活动极大地促进了稷下学宫的学术繁荣，促使各诸子学派间的学术交流、交融和分化，培养了大批贤才，留下了诸如《孙子卿》《公孙固》等倍受后人敬佩的著述。孕生于唐盛于宋的书院亦是一个容纳百家、聚贤才的地方，也是我国古代培养人才的重要机构。宋朝书院促进了南宋理学的发展，理学家也往往把书院作为讲论和传播自己学说思想的重要基地，从而形成了不同的学术流派。不同学术

---

① 戴本博：《外国教育史（上）》，人民教育出版社 2009 年版，第 160—167 页。

流派展开交流，形成学术争鸣，促进了理学和文化学术的繁荣发展。

综观中西方古代教育，不管是西方的产婆术、雄辩术、雄辩家、修辞学、中世纪大学的辩论教学等，还是中国的传道授业术、稷下先生、"天口骈"、稷下学宫、书院等，都渗透着通过学术演讲或辩论培养人才的意蕴，对今天高层次拔尖创新人才的培养有着特殊的借鉴意义。比如，古代的演讲术或雄辩术不是任何人都能够掌握或可以学习的，它们对演讲者或学习者的知识结构、学习演讲术的时间安排、演讲者的品德和才学等都有十分严格的要求。换言之，要想成为一名真正的雄辩家、演说家或稷下先生，需要具备相应丰富的知识、良好的品德、较高的学识水平以及出众的才华等素养。简言之，"知识、品德与口才三者合一，就是完美的雄辩家。即雄辩家 = 知识 + 品德 + 口才"[①]。在某种程度上说，这种对"雄辩家"或演讲者的要求正是对人才素养的一种要求，为人才培养指明了方向，同时也揭示了学术演讲与高层次人才培养的内在关联。

(二) 学术演讲的本质特征是学术性

学术演讲是一个复合词，学术是限定词，框定了演讲的范围和性质。不过，要明了学术演讲的内涵和本质特征，还需从演讲的界定说起。一般而言，普通演讲是指"演讲者在一定的场合和地点，就政治和社会的一般话题，向众人传输某一观点，宣传某一思想和传递某种信息的口头交流行为"[②]。从这一定义看，普通演讲的基本主题是"政治和社会的一般话题"，演讲内容为"演讲者关于政治和社会某个话题的观点"，演讲目的为"宣传某一思想和传递某种信息"，演讲场合和地点"没有严格的规定或要求"。从经验和常识来看，普通演讲具有鲜明的说服性、激励性、娱乐性、逻辑性、艺术性等。

演讲可以有不同的类型，诸如陈述型演讲、说服型演讲等，不同类型的演讲往往具有不同的目的、风格和特征。学术演讲是一种具体或特殊的演讲类型，它是指"科学工作者就科学领域中的各种问题，进行探索、

---

① 林玉体：《西方教育思想史》，九州出版社 2006 年版，第 92 页。

② 安秉哲：《怎样进行国际学术演讲》，哈尔滨工业大学出版社 2009 年版，第 1 页。

研究，向听众表述科学研究成果，传授科学知识和学术见解的专门性演讲"①。根据这一定义，学术演讲者主要是"科学工作者"，演讲主题是"科学领域中的各种问题"，演讲内容为"科学研究成果"，演讲目的是"传授科学知识和学术见解"。学术演讲的形式和类型是多元的，包括在国内、国际学术会议上以及各专业学会、研究会的会议和对各类专业人员、高等学校师生所作的学术报告、讲座等。不难发现，学术演讲既具有演讲的一般特征，同时在演讲目的、演讲方式、表达方式、逻辑结构等方面独具特色或风格。与普通演讲相比，学术演讲具有鲜明的学术性、创新性、科学性、专题性、专门性、逻辑性、艺术性等。为了便于理解，我们不妨对学术演讲与普通演讲的差异性做一个比较分析（详见表6.3）。

表6.3　　　　　　　　　学术演讲与普通演讲的差异性比较

项目	普通演讲	学术演讲
演讲目的	传递信息、说服听众、激励听众、娱乐听众等	学术交流：探讨学术问题、传播科学知识、检验科学成果等
演讲方式	照稿式演讲、背稿式演讲、提示式演讲、腹稿式演讲、即兴演讲等	背稿后脱稿，熟记内容结构、重要的论证数据、基本观点等
语言表达	随意性较大，依据演讲目的而定	简练准确，言辞严密，专业术语较多
表达方式	关注听众反应，追求受众效果	直接明了，避免含糊，逻辑性较强
逻辑结构	依据情境需要而定	层次分明，逻辑严密
形式特点	听众结构多元，时间灵活	听众结构单一，有时间限制
主要特征	说服性、激励性、娱乐性、逻辑性、艺术性等	学术性、创新性、科学性、专题性、专门性、逻辑性、艺术性等

分析上表可以发现，立足于学术交流的学术演讲，不仅具有逻辑性、艺术性等普通演讲的一般特征，还具有学术性、创新性、科学性、专题

---

① 张念宏：《公共关系辞典》，中国国际广播出版社1989年版，第304页。

性、专门性等特征，而"学术性"是其本质特征。第一，创新性是学术演讲最有价值和意义的体现，包括在学术演讲中提出某个全新的理论或新方法、开辟某个新的研究领域、创建一门新的学科、运用新的思维方式方法进行研究、纠谬求真等。第二，科学性集中体现在演讲内容的客观有效性与实事求是的研究态度。演讲所呈现的研究内容的逻辑要严密，语言应恰切合理，引用他人的学术成果应理性而不违背学术道德规范；研究结论能发现事物的本来面目，揭示事物的本质规律。第三，专题性或专门性是学术演讲的内在要求。一则，学术演讲的目的是学术交流，探讨学术问题，传播科学知识，检验科学成果，它必须是就某学科领域或社会问题发表学术观点或意见，进行专题性探讨；二则，演讲者或听众一般都来自相同的学科专业研究领域，具有共同的话语体系。

(三) 学术演讲与研究生学术素养的系统培育是耦合并进的

学术演讲是一个系统而复杂的学术过程，它围绕科学或学术问题而展开，所彰显的是演讲者的整体或系统学术素养。为什么这么说？因为学术演讲不是简单的、孤立的事件，它内含多个复杂的学术环节，即以学术论文的选题、构思、写作等为基础，然后以学术汇报或论文答辩的形式呈现给听众。这当中的每一个环节，都要求演讲者具备相关的学术素养。对于研究生来讲，亲历学术演讲就是一个系统培育自身学术素养的过程，就是一个学术成长成熟的过程。成功的学术演讲与良好的学术素养的系统培育是共生共谋的。

第一，学术演讲的基本规范与学术素养的基本内核具有统一性。从学术演讲的形式到内容、语言到仪表、态度到技能等，无一不反映着演讲者的学术素养。换言之，学术演讲对思想观点、思维逻辑、方法选择、语言使用、仪表仪态等都有严格的要求，而这些也正是学术素养的基本内涵。对于研究生来说，它们同时也是在科学研究过程中必不可少的和必须注意的。无论以后是否从事学术研究，通过在学术演讲中习得的那些规范将对其是终身受用的。

第二，学术演讲的准备过程是学术素养的养成过程。众所周知，撰写优秀的学术论文是学术演讲成功的基石。一篇好的学术论文是由多种元素（如标题、摘要、关键词、正文、注释、参考文献等）密切关联且架构而成的有机整体，是深刻思想、严密逻辑、精美语言等的统一。因此，完成一篇优秀的学术论文并非易事，它要求演讲者不仅要做一个很好的"研究的设计者"，也要是一个很好的"研究过程的执行者"和"研究结果的呈现者"。

第三，学术演讲是学术素养的综合展现。学术演讲并非台上有限时间的、简短的、口头的学术思想的表达或交流，所展现的也不限于演讲者的演讲技能与技巧。通过学术演讲，我们还可以了解演讲者的理论素养、方法素养、独立探究问题的素养、跟踪学术前沿的素养、开拓学术疆域的素养以及良好的学术精神与学术态度等。可以说，学术演讲是演讲者学术水平、学术能力和学术素养的试金石，是演讲者学术素养系统培育的良好平台。

（四）学术演讲是研究生培养理念与实践的创新

个案学校于 1998 年获国务院学位办批准为硕士授予权单位，同时获得民族学、中国少数民族语言文学（壮语言文学）两个硕士点，并于1999 年开始招生。目前，学校已拥有 11 个一级学科和 45 个二级学科硕士学位授权点，4 个专业硕士授权点，2009 年成为广西 2008—2015 年新增博士学位授予单位的立项建设单位。广西民族大学高度重视发展研究生教育，一直着力于研究生培养制度的健全与完善、研究生培养模式改革与创新，先后推出了各种创新性的研究生奖励制度、研究生教育创新计划项目、研究生学术论文竞赛、田野调查和社会调查（获助项目）、研究生学术演讲竞赛等。其中，研究生学术演讲可谓是最引人瞩目的改革之一，在广西高校产生了强烈而积极的影响，获得了广西教育主管部门的高度评价。作为学术素养培育的一种有效形式和途径，学术演讲实现了理论研究与实践探索的有机统一。从 2008 年开始，广西民族大学已连续开展 3 届研究生学术演讲竞赛，出台了《广西民族大学研究生学术演讲竞赛暂行规定》［民大研（2008）17 号］，发布了《关于开展广西民族大学第三届研究生学术演讲竞赛初赛的通知》《关于举行广西民族大学研究生第三届"我的研究"学术演讲竞赛决赛的通知》等。这些"规定"和"通知"对研究生参加学术演讲的目的、意义、要求以及评价方式都作了详细说明，对学术演讲具有特殊的导向价值。

该校学术演讲比赛分初赛和决赛两个阶段，初赛由各学院组织，决赛由学校组织，参赛者主要为二、三年级的研究生。学校要求参赛研究生和导师共同参加演讲比赛，即研究生在导师的指导下确立研究主题、查阅文献资料、开展实地调研、撰写学术论文、制作演讲课件等，然后登台正式演讲。学校聘请有良好学术造诣和学术声望的专家和研究生导师作为竞赛评委，对各位研究生的学术演讲打分并做现场点评和指导。广西民族大学研究生学术演讲评价的主要指标性要素有：是否准确把握研究问题的背景；文献综述是否系统和全面；演讲者的学术研究是否有创新；演讲思路是否清晰和严密；演讲课件是否美观，课件内容是否全面；能否准确而全面地回答评委的提问等。从这些评价要素可以看出，学术演讲不仅仅是一种学术交流，它还有极其重要的人才培养功能。学术演讲作为一种创新性研究生培养模式，彰显了一种全新的教育理念，即"学生是学会的，而不是教会的"。广西民族大学第三届研究生学术演讲的主题为"我的研究"，体现了学术演讲的真正内涵和目的，它意在强调：学术演讲的内容是演讲者本人潜心研究的成果，而不是转述或复制别人的研究成果；每一位演讲者的研究成果都是基于学术规范和遵循学术道德的研究成果，即"我的成果，我负责"；研究生做学术研究的自主性与创新性，倡导研究生要自主学习、自主研究、自主创新、自主发展和自主成才。对于初出茅庐的研究生们来说，学术演讲的这些主题要求，无疑为研究生做学问提供了一个合乎学术诉求的规约，对促进研究生学术素养的提高以及自我成长、成才具有重要意义。

通过对广西民族大学近几届的研究生学术演讲比赛的经验反思，日益发现：学术演讲是一种催化剂，促使研究生将自己的潜能转化为现实素养；学术演讲是一座桥梁，疏通研究生与导师之间的学术与人生；学术演讲是一个舞台，俾使研究生在研究中学会研究；学术演讲已经成为一种创新性的高层次人才培养模式，促进研究生为学和为人同步成长，为研究生成才提供了一个学术研究与创新的舞台。

四　科研项目与研究生学术素养的系统培育

为学术型研究生提供一个科研平台，强化研究生的学术研究，提高研

究生科研能力，是学术型研究生学术素养培育的前提。前面我们在第一章
"民族学学位与研究生教育发展状态"中的"研究生教育质量"模块中已
经统计过研究生创新课题项目获得情况，在第五章中已经论述了教师科研
对研究生的科研产生的影响及发挥的作用，以及在本章"田野调查与学
术型研究生学术素养系统培育"中统计了田野调查和社会调查立项名单
情况，在此不予赘述与重现。需要指出的是，上述我们探讨的科研都是从
研究生培养单位出发，从研究生科研的外部环境来论述科研对于研究生学
术成长的作用与影响的，并未对学术型研究生自身参与科研项目以及对研
究生学术素养的培养的价值和意义作系统讨论。事实上，学术型研究生只
有亲身参与科研课题，在研究中学会研究，才能真正提高自己的学术水平
和科研能力。在此，笔者以叙事研究为方法原则，以民族学研究生参与科
研课题的实践经验为叙述内容，试图阐明科研项目在研究生学术素养系统
培育中的效用。例如，笔者在攻读民族学专业民族教育方向硕士学位期间
获得了一些民族教育科研方面的经验：

　　研究生一年级第一学期初涉科研：参与广西教育厅重点科研项目
"广西边境民族教育发展实证调查研究"。2009 年 11 月 7—11 日，本
人先后随调研队伍亲赴靖西、那坡等广西边境民族地区以及河池都安
等民族落后地区进行广泛深入调研。此次调研的地点为那坡县教育
局、那坡城厢镇中心小学、那坡民族初级中学；调研对象为教育相关
部门工作者以及学校师生；调研的内容包括那坡县的教育发展现状、
教育发展的成功经验以及那坡教育发展存在的问题及建议等。此次调
研中，调研组除了召开教育专题会议外，还组织进行了问卷调查。此
次调研让我第一次感受到了研究生的真正内涵，研究生不像本科生，
仅仅学习书本的基础知识，研究生需要走出书斋，结合问题实际，深
入思考，进行研究性地学习。调查结束后，在通过实地调查搜集的资
料基础上，以及导师的指导下我首次完成了《广西那坡县教育发展
调研报告》。虽然当时对于如何撰写论文的认识依然很模糊，而且写
出的报告质量并不理想，但这已经是我作为一个研究生正式参与
"研究"的第一步，为接下来的研究工作奠定了基础。

　　研究生一年级第二学期尝试撰写结题报告：这个学期初，导师给

了我一个科研任务，撰写一个课题的结题报告。尽管这个课题已经是免检的，但导师为培养我的科研方法论意识，仍然把这个"形式"任务分派给我了。在导师的指导下，我尝试撰写并最终顺利完成了广西教育科学"十五"规划"大学学科发展规划生成研究"立项项目的结题报告。

研究生二年级直接参与省级重点课题：由于我辅助导师完成的结题报告送到了教育厅进行结题审查，得到了教育厅教科所副所长的赞赏，2010年4月，在导师的推荐下，我有幸参与了广西教育科学"十一五"规划2010年度委托重点课题"广西职业教育升学立交桥问题与对策研究"的各项研究工作。该课题组成员为：组长：高枫（广西教育厅厅长）；副组长：黄宇、黄雄彪、李清先、张建虹、莫少林、蒋国平；研究人员：林少棉等（本人是其中的研究人员）。当时团队分给我的任务有很多，我负责了开题报告撰写、问卷设置、实地调查、资料整理分析、调查报告和论文撰写等工作，可以说是一项课题必须完成的过程我都参与了。经验不足的我感觉有些力不从心，不过在导师和科研团队的指导下，我还是顺利完成了研究任务。2010年7月2日于广西教育厅18楼会议室参加了该课题的开题会议，与会人员包括教育厅厅长、副厅长、教科所所长等课题组成员。现在我还依然记得花了一两个月的时间改了好几次才写好的课题研究的开题报告，记得参与课题的开题报告会面对自治区厅长及其他重要领导的紧张心情。2010年11月至12月随教科所蒋国平副所长组队亲赴广西南宁、柳州、北海、百色等市以及柳江、合浦、田东等县的教育局、中高职学校、职教中心等进行实地调查，对有关教育部门领导、学校师生等进行了结构访谈、无结构访谈以及问卷调查。并对调查所得资料进行了整理分析，结合理论实际，撰写了《构建广西职业教育升学立交桥，彻底消除职业教育学生深造障碍》的调查报告和相关论文（该论文和科研团队的成员一起发表在教育学类的核心期刊上）。通过全程参与本次科研课题的研究与实践，让我收获最大的是，我相信自己完全有能力参与其他科研团队的研究工作，并有信心顺利完成科研任务。我认为我的科研能力和相关学术素养已经得到了质的提升。因为，我对科研过程的认识从模糊逐渐走向清晰，我明白了如何撰写开题报告（问题的提出、内容的选择、方法的选择）、如何设置一份科学合理的问卷（逻辑性、有效性，引导语、题量等）、如何开展实地调查（调查设计、准备工作等）、如何搜集资料、如何撰写调研报告、如何在调研报告的基础上升华提炼形成有一定理论高度和现实意义的学术论文（理论高度、现实意义、学术规范、投稿等）。

研究生三年级能够独立地开展科研工作：作为课题组成员参与广西教育科学"十二五"规划2011年度资助经费重点课题"广西学术型研究生培养模式创新研究——以广西民族大学民族学为例"。本人参与了课题申报、研究等工作。本人所撰写的硕士学位论文也是依托此课题来展开研究。

另外，本人还参与了国家社会科学基金"十一五"规划2008年度教育学重点招标课题"民族教育质量保障和特色发展研究"的子课题。该课题由广西教育厅高枫厅长和广西民族大学钟海青教授主持，本人在导师李枭鹰教授的指导下负责撰写了其中一个子课题的研究综述（发表在民族学类、教育学类的核心期刊上）。还参与了广西教育厅科研资助项目"中国—东盟高等教育战略合作伙伴关系研究"。该课题由导师主持。本人积极查阅外文文献资料，并进行系统分析研究，撰写并发表了相关研究论文。

个人科研工作的实践经验表明，研究生的科研和研究生的学术素养的培育是相互关联的。学术型研究生只有亲身参与科研，才能明了和把握科研的整个过程，才能使自己的科研能力和学术素养得到真正培育。读研期间，在导师的指导下，本人积极参与导师、学院和教育厅的科研课题项目。通过参加各种学术会议、田野调查，撰写课题申报书、开题报告、结题报告、研究报告、学术论文等，基本掌握了专业领域的学术研究方法，检验了自己所学的理论知识，对学科知识的前沿问题、热点和焦点问题有了更深刻的理解和把握，使自己的理论和方法素养、独立探究问题的素养、良好的学术态度等学术素养得到了系统培育。

五　学术报告与研究生学术素养的系统培育

为学术型研究生提供一个学术交流与学习的平台，是学术型研究生学术素养培育的重要环节之一。学术报告是一种提高研究生学术素养的重要的研究生培养方式。它主要是要求研究生通过自主学习学科的经典理论知识和研究方法，独立探究学科领域的前沿和热点问题，从而自主创作具有一定理论价值和现实意义的学术作品，并通过报告的形式，与导师或研究生进行学术交流，把学术成果及学习效果反馈给导师。

如果仅仅要求研究生做一场学术报告，其效果可能并不明显。如果把学术报告与教学和科研结合起来，这将起到事半功倍的作用。根据我们民族学民族教育方向研究生培养的经验，我们认为，"五个一"研习法是一种有效的研究生教学方法或研究生学习方法。"五个一"研习法具体是指通过开设"一门课程"，学习"一部经典教材"，研读"一本经典名著"，撰写"一篇达到发表水平的文章"，最后作"一场学术报告"。这是一种用意深刻的教学方式，它要求研究生在相对正确规范的学理环境下，从教师的理论讲授，到研究生研究性的自主学习，再到对感兴趣主题的理论建构、实践反思和理性批判，再到学术逻辑的论证和知识的重构，最后对学术规范的遵从、语言表达能力的考验与研究成果的展现等，都要经过自己的努力学习和研究，都要经过自己的理性反思与实践。我们把学术报告作为最后一次学术练兵，是因为学术报告具备这样一种结果性评价与反馈的功能，研究生的学习效果如何、学术成果质量如何、学术素养掌握得如何等，都能在学术报告中一览无余，这可以为研究生培养主体调整培养方式提供有效反馈信息。对于研究生来说，毫无疑问，只有在这样的研习过程中，这样的知识才是系统的，这样的理解才是深刻的，这样的成果才是有价值的，这样的教学效果才是明显的。

结　语

　　21世纪的国际竞争，实质上是高层次人才的竞争。培养高层次人才是社会、经济、科技发展的需要，是促进社会经济结构转型、深化文化体制改革的需要，是建设高等教育强国，促进我国社会主义现代化、增强我国综合国力的重要使命。

　　本书是建立在个案研究基础上的应用性研究。著作的取材，主要源自广西民族大学民族学学科及其研究生培养方面的经验性事实。我们按照民族学人类学客位研究的方法原则，通过问卷调查、访谈，从研究生、研究生导师、研究生管理者等群体中，广泛搜罗第一手资料，试图以客观翔实的客位观点来增强观点的论证力度。尽管这个过程是漫长而又艰难的，因为谁都知道，田野调查需要付出很多精力。我们通过调查，呈现了反应民族学学术型研究生培养模式的整体面貌，包括培养规模、结构、质量与评价，以及概括出了民族学学术型研究生培养模式的优势与不足。当然，我们指出民族学研究生培养模式的优劣，并不只是为了迎合"策略"研究而提供几点弥补不足的措施，更是为完善民族学学术型研究生培养模式提供有效的信息，为更加系统深入地探究民族学在培养学术型研究生方面的成功经验和创新举措。

　　通过研究总结出民族学学术型研究生的培养获得巨大成功的原因，即主要在于它培养理念与培养方式的创新，集中表现为：（1）民族学学科建设和发展与学术型研究生教育的发展"共生共长"，互为依托，相互促进，共同发展。一方面，民族学十分重视学科建设，但在加强学科建设的同时，积极发展研究生教育；另一方面，民族学积极申请研究生学位点，努力发展研究生教育的同时，又不断完善学科发展规划、加强学科建设。（2）民族学不断为研究生的科研和学术综合素养的培育搭建平台。科研是学术型研究生应然的遗传性格，学术性、研究性是学术型研究生科研的本质特征。要培养学术型研究生的科研能力和学术综合素养，必然要为研究生搭建学术研究和科研的平台。广西民族大学及民族学研究生培养的学科组织为研究生提供了学术演讲、田野调查、科研项目、学术报告、论文竞赛等良好的科研平台，不仅为研究生提供了学术表达、社会实践、科研训练和学术交流的机会，而且系统培育了学术型研究生应该具备的学科理论素养、方法素养、独立探究问题的素养、把握学科前沿的素养等学术素养和科研能力。

社会学家戈夫曼认为，"社会系统好比一个舞台，人们的社会行为就是在社会这一舞台上表演。人们按照一定的剧情扮演着不同的角色，成员间的交往类似演员面对观众的演出，既有前台、后台和道具，也有台词和导演。个人努力把握自己给他人造成的印象，从而使自身的形象能最好地为自己要达到的目的服务"①。学术型研究生的培养理念犹如戈夫曼用以描述社会交往的拟剧论。研究生培养主体为研究生的学术成长搭建一个舞台，这个舞台由学科专业建设、课程设置、科研、图书资料建设等构成，研究生就是演员，他们按照培养规格和要求（剧本）的要求，借助学术演讲、田野调查等（剧情与表演），在导师（导演）的指导下，努力学习、科研（准备与表演），以使自己成为理想的教学、科研型人才，从而使自己符合就业岗位的需求，实现培养目标。

尽管本书探讨的主题暂时告一段落，但研究仍有很大的改进空间，开展后续研究。例如：由于研究内容涉及的面十分广泛，难以对每一个子系统、子要素进行系统论述。学术型研究生的培养是一项系统的高层次人才培养工程，涉及培养主体、培养条件、培养计划、培养方式、培养规模、培养结构、培养质量、培养评价等诸要素，具体涉及招生、选择导师、制定个人培养方案、导师指导、学位论文的撰写与答辩、学位申请以及学科专业建设、课程设置、科研平台的搭建、学术素养的培养等诸多方面。详细阐发个案的学术型研究生培养模式诸要素，是一项十分复杂、浩大的工程，需要更多的时间和精力。这也是为什么需要我们创新学术型人才培养模式，培养科研能力更强、学术素养更高的研究型人才的一种诉求。

---

① 邓伟志主编：《社会学辞典》，上海辞书出版社 2009 年版，第 89 页。

　　最后，需要指出的是，本书探讨的是学术型研究生培养创新问题，书中虽未直接以"全国学术型研究生"为研究对象在全国各省域范围内进行全面的调查研究，但我们的个案选择与广西区域的自然环境、人文生境、地缘结构、民族状况、教育经济水平等息息相关。我们对个案典型意义的叙述，充分考虑到其在区域学术型研究生教育上的地位和作用，考虑到广西区域环境对个案的某种决定性作用。因此，为防止研究内容陷入形式化，我们试图透过"滴水见太阳""以小见大""解剖麻雀，抓住典型"的形式开展"精细化"研究，以为"同屋檐下"的其他研究生培养单位提供学术型研究生培养模式创新之经验参考。随着中国—东盟战略合作伙伴关系的确立、中国—东盟自由贸易区的建立、北部湾经济圈的发展、西部大开发战略的进一步实施等，广西高校在培养高层次学术型人才方面，毫无疑问，将具有越来越多的共同趋向。在学术型研究生培养目标上，都会保持在大方向上的一致性，无论是培养满足广西地方经济、文化、教育等需要的教学、科研型人才，还是培养满足中国—东盟经济、文化等领域需要的国际性人才；在培养理念上；一方面将致力于设置一些具有广西"民族性、区域性和国际性"特色的学科专业，促进学科的交叉与融合，培育特色学科和学科群，并以学科为依托积极发展学位与研究生教育；一方面通过学位与研究生教育的发展，加强学科建设。确保两者相互促进，共同发展；在培养方式上，积极为学术型研究生提供学术交流、写作训练的平台，系统培育学术型研究生的学术素养。最终培养的学术性科研型人才应该是：有较强的教学、科研能力；具有民族、区域和国际的视野；具备学科理论和方法素养、追踪学科前沿的素养、独立探究问题的素养、开拓学术疆域的素养以及良好的学术态度；满足民族地区需要，服务民族地区乃至东南亚地区经济、社会、文化、教育、艺术、管理等领域。

附录

附录一：关于民族学学科发展及其研究生培养的访谈

民族学学科发展及其研究生培养的创新

——广西民族大学民族学与社会学学院院长、
民族学学科带头人周建新教授访谈录

刘子云/问，周建新/答

简介：周建新（1962—　），男，教授，博士生导师，中山大学博士后流动站科研基地合作导师，民族学一级学科带头人，广西"十百千人才"第二层次、八桂学者。1981—1983 年在新疆阿勒泰地区师范读中专；1986—1988 年在新疆大学外语系读大专；1988 年 3 月调新疆阿勒泰市一中任教；1989 年 12 月调新疆阿勒泰市政府文化局工作；1992—1994 年在西北民族学院民族研究所读硕士；1994 年 6—12 月在兰州民百集团公司信息部任部门经理；1995 年 1 月调广西民族大学民族学人类学研究所工作，1997 年 3 月任党总支副书记，2001 年 3 月任研究所所长；1998 年 9 月—2001 年 6 月在兰州大学历史系民族研究所读博士，获法学博士学位。2003 年 7 月任广西民族大学民族学与社会学学院院长至今。2006 年 5—6 月，英国剑桥大学社会人类学系访问学者；2008 年 2 月至 2009 年 2 月，爱尔兰国立梅努斯大学人类学系访问学者。讲授本科生、研究生课程：民族学通论、族群关系研究、跨国民族及其问题研究、周边国家民族概况、地缘政治与国际关系等。主要研究方向：跨国民族。主持课题：边界、边民与国家——中国西南边境 60 年（1949—2009），国家社科基金特别项目，2010 年立项；爱尔兰民族问题及其和平进程研究，国家社会基金一般项目，2010 年立项；当代中国边疆民族地区基层社会与经济发展典型调研（广西），国家社科基金特别项目，2007 年立项；中国新疆与周边国家跨国民族研究，国家社科基金特别项目，2005 年立项；中国西部省份经济与社会发展监测研究（广西），国家科技部与挪威政府合作项目，2003 年立项；中国南方跨国民族"和平跨居"模式研究，国家社科基金一般项目，2002 年立项。主要著作：《民族学概论》（主编，教材），广西民族出版社 1998 年版；《广西回族历史与文化》（合著），广西民族出版社 1998 年版；《中越中老跨国民族及其族群关系研究》（专著），民族出版社 2002 年版；《沿边而行》（田野札记），广西人民出版社 2006 年版；《从边缘到前沿》（合著），民族出版社 2007 年版；《环境决定论与文化理论》（译著），民族出版社 2007 年版；《和平跨居论》（专著），民族出版社 2008 年版。其中，《和平跨居论》和《中越中老跨国民族及其族群关系研究》分别获广西区社科优秀成果奖一等奖和二等奖。

一　人生及学术经历与研究取向的选择

刘子云：周教授，很高兴您能接受我的访谈。作为硕士、博士研究生导师，广西十百千人才，八桂学者，教授、博士、院长等，集各种行政头衔与学术荣誉于一身，我想，这肯定跟您个人丰富的人生体验与民族学学术经验是分不开的，您可以跟我们分享一下吗？

周建新：一个人的人生阅历对他的整个人生的事业发展确实很重要。丰富的人生阅历意味着一个人的人生际遇有较多的变化，生活场景经常发生改变，这对增强自我外部适应能力以及情感意志的培养会产生重要影响，但这种重要性或者影响仍然是有限的，也并非是必需的。一个人能否走向成功或者有所成就，关键还要看拥有这份阅历的主体是不是持有"向上走"的精神和意志。

我出生在新疆，现在在广西工作，一路走来必然要经历许多。当然，无论走到哪里，我都认为自己是一个地道的新疆人，这种强烈的认同感让我对新疆有着一份无法割舍的感情。我的小学、初中、高中、中专、大专都是在新疆完成的。我的家庭对我影响很大，父亲是位公安干部，从小对子女要求很严。1983 年中专毕业后，我在福海二农场中学工作了 5 年。

1986—1988 年完成了新疆大学英语大专自考班的学业，后来调到阿勒泰市一中工作。1992 年我考取了西北民族大学中国少数民族民间文学硕士研究生，从此离开了新疆。当时我师从郝苏民、郗慧民教授。研究生毕业后，我在兰州民百集团公司工作了 6 个月，后来由于不喜欢公司机械的工作环境，1995 年我离开甘肃到广西民族大学工作。这么多年，我在中学当过老师，在政府部门干过，在企业也干过，最后之所以选择当大学老师，主要是大学的氛围我比较喜欢。

走上民族学、人类学研究之路，与我的个人经历有着密切的关系。正如大家了解的那样，我从小与哈萨克族、维吾尔族小朋友一起长大，生活在浓郁的西域风情的人文环境中，对边疆少数民族有着深厚的感情，对哈萨克族、维吾尔族常态的生产生活方式有着丰富的感性认识。另外，我在阿勒泰市文化局工作期间，接触到一些少数民族民间文学整理的工作，由此产生了兴趣。这也是我报考中国少数民族民间文学专业研究生的原因之一。我的硕士论文主要是研究哈萨克族原始宗教的。来广西工作后，离开了自己所熟悉的研究方向和研究环境之后，自己一时很难确定新的研究方向。后来我在张有隽老所长的建议下参与了《广西回族历史与文化》课题组的研究工作，并把我之前所从事的西北哈萨克族的研究与回族研究作了相关比较。由于回族人口在广西分布很少，作为长期的研究方向不太合适，完成了《广西回族历史与文化》课题后，自己就基本上不再做相关研究了。经过一段时间的资料梳理和对比思考，我感觉广西所处的边疆区位与地方民族特色值得研究，而且一定要把两者结合起来研究，由此我的跨国民族研究方向便逐渐形成。1998 年考取兰州大学博士后，我师从马曼丽教授并开始专攻跨国民族研究方向。这个研究方向同样与边疆和少数民族有关，也许这正是我那难以割舍的边疆情结所影响。当然，作为学者，个人研究方向的确定的确需要敏锐的洞察力，否则，我们很难在学术上进步和创新。

二　跨国民族研究领域的卓越追求

刘子云：从您取得的科研成果来看，成绩斐然。而且您主要聚焦于族群关系和跨国关系研究，并出版了很多论著，诸如《和平跨居论》《从边缘到前沿》《沿边而行》《中越中老跨国民族及其族群关系研究》等，另外还主持了很多国家社科基金项目。您可以跟我们分享一下您是如何把自己塑造成这么一个在国内外学术上都很有影响力的人物的？

周建新：首先我想说明一下，作为从事学术研究工作的一个个体，我个人并没有刻意去"塑造"自己。学术地位的获得，绝不是"塑造"出来的，而是踏踏实实钻研出来的。我只知道自己几乎把所有休息的时间都花在科研上了，我并不是只顾耕耘，不问收获，只是我相信有耕耘才有收获。我们经常说，要踏踏实实做事，老老实实做人，做学问也是如此。当你作出成绩来，别人自然会看到。

说到科研成果，这些年的确有一些，但也并不值得沾沾自喜。目前，我承担了 2 项国家社科基金项目，其中 1 项已经结题，还有 1 项在研。另外国家社科基金特别项目也有 3 项，其中 1 项已结题，2 项在研。这 5 个项目都聚焦在跨国民族方向，它们对我的学术发展都产生了很大的影响。这些项目陆续从 2002 年开始做起，包括在西南地区从事中越、中老跨国民族研究，在西北地区去年刚完成新疆的跨国民族研究，2008 年我主要做了英国与爱尔兰之间的跨国民族研究。从我个人经验出发，我认为，一个人的时间、精力和能力都是有限的，能做好一个研究方向就很不容易，只要你认真踏实地做、坚持做，迟早都会做出成果。可以说，坚持是我取得成绩的最重要因素之一。

从中学教师到政府部门公职人员，再到大企业集团的岗位，再到大学的教学岗位，丰富的人生体验让我接触了很多人很多事，这对我了解社会、认识社会、反思社会本身就是一种磨炼。一个人十八岁离开家外出求学至今，已经三十多年了。总的感觉，只要你努力，只要你向上，机会随时都存在，并且总是留给那些有准备的人。当然失败和挫折也是难免的，但我们不能因为对自己当时的处境不满，就失去坚持向上的勇气，这样不仅机会流失了，而且自己也在走下坡路。因此，要有所成，前提就是要坚持"越来越好"的信心，要秉持"向上走"的精神。

当今社会知识趋于多样化与异质化，需要我们对知识进行有效地选择。做学问，需要我们有敏锐的学术眼光，去捕捉前沿的东西。在学术研究中，对于鉴别哪些是新知识，哪些是学科前沿，如何创新，选择何种新视角等，都需要敏锐的学术感悟能力。我们要避免炒旧饭，要力争进行原创性的研究。你们研究生做学问，也要特别注意这一问题。

总而言之，一个人的学术成就不是一蹴而就的，它需要研究者踏实为学、坚持不懈的学术研究精神，需要研究者创新的思维和敏锐的感知力，需要对多样化知识的有效性选择。

三　民族学学科发展的平台搭建

刘子云：我们知道，民族学作为国家"第三批高等学校特色专业建设点"、区级重点学科，可以说在广西，甚至在全国都很有特色也很有影响力的一门学科。它包含"多个一"，如：民族学作为广西民族大学第一批硕士学位授权点之一；作为一级学科硕士点；作为广西第一批重点学科之一；作为第一个博士点建设学科之一等。您作为民族学学科带头人，发挥着总设计师和"领头羊"的作用，您觉得民族学之所以取得如此成就和地位最重要的原因是什么？

周建新：民族学学科的发展，正如你所说的，存在"多个一"，并且取得了很多的成绩，它的影响在全国来说，也是可圈可点的。而这些成就并不是偶然得来的，究其原因，我个人认为主要有以下三个方面。

一是民族学学科有良好的基础。中国人讲"饮水思源"，首先，要感谢历任学校领导对民族学学科建设的重视，特别要感谢我校的民族学前辈们为民族学学科建设和发展所打下的良好基础和创造的发展平台。我校的民族学学科发展历史长，积累的成果丰厚。在老一辈学者中，代表人物有张有隽、范宏贵、万辅彬、徐杰舜、周光大等，还有已经去世的陈衣、姚舜安、程方等。他们为我校民族学人类学研究所的发展作出了很大的贡献。经过各位前辈和老教授的长期努力，民族学学科积累了很丰厚的成果，这为学科的发展打下了坚实的基础。在此基础之上，我们就容易"向上走"了。20世纪90年代后，我们又涌现出了玉时阶、谢崇安、龚永辉、李富强、秦红增、王柏中等一批中青年学科带头人。在全体老师的共同努力下，我们很好地继承了前辈的优良传统，在巩固传统研究领域的同时，不断取得新的成绩。近几年，我们又送培和引进了一批年轻的博士、教授，师资梯队结构进一步完善，学科建设和发展具有强大的后劲。

二是把握住了发展机遇。事实上，广西民族大学过去曾失去了很多发展的好机会，特别是改革开放初期。过去学校办学层次定位不高，满足于培养少数民族干部，办学结构和功能都比较单一。但20世纪90年代后，学校领导开始认识到学科建设和提高办学层次的重要性。当时我们把握住了机会，几乎每一次硕士点申报我们都有斩获。民族学作为第一批硕士学位授权点进行申报，并在 1998 年获得了硕点。2003 年获得民族理论与政策硕点，2005 年获得民族学一级学科硕士点，同时获得了社会学和专门史的硕点。每一次申报我们都紧紧把握住机会，而且每次都成功了，这样就不断地上新台阶。倘若错过一次机会，就意味着等待与落后。学校现在把民族学作为龙头学科来申报博士点，我们有压力，但更有动力，我们有信心把握住这次难得的发展机遇，为广西民族大学的发展作出应有的贡献。

三是注重团队建设和合作精神。我经常讲，一个人浑身是铁也打不了多少钉。个人成就的取得，个人的地位和作用一定是在群体中得到体现和发挥出来的。如果没有团队，或者大家都没有合作精神，无论如何是难以取得成绩的，特别是学科建设这种事。一个人的事业是在群体中成就的，反过来说是团队造就了你的成功。我们所见的成功人士的背后，毫无疑问都有一个成功的团队。在比较的视野中，我们中国人强调集体精神，西方人更强调个人自由。在我看来，个人自由需要受到集体精神制约，不能随心所欲，团队的每个成员都应当担负起个人在集体中的责任和义务。

来广西民族大学工作后，我曾得益于张有隽、范宏贵等老教授们的悉心栽培，他们的帮助使我在教学科研等方面有了一定的成就。2001 年我开始担任民族学人类学研究所所长，2003 年任民族学与社会学学院院长。虽然当了领导，但我个人所发挥的作用是非常有限的，我深知团队建设的重要性。作为学院领导，我主要扮演两种角色：一是总揽全局者，对全院的行政事务、学科建设进行"宏观调控"；二是服务者，为教师、学生营造良好的工作、学习环境。无论是学科建设规划，还是为老师服务，我都把团队建设作为一个核心任务来抓。如果没有人才队伍建设，学科建设就是一句空话。民族学与社会学学院学科建设搞得如此有声有色，都是团队成员共同努力的结果。现在学院已经形成了民族学、历史学和社会学三大团队，各团队的梯队力量不断增强，大家分工合作共同攻关，以集体智慧谋求学院更好更快的发展。以民族学为例，由于民族学是一级学科，我作为学科带头人，下面还有 5 个二级学科带头人，他们各自负责一个点上的学科建设任务，也都做出了很多出色的成绩。现在玉时阶教授负责民族史和瑶学中心的学科建设任务，龚永辉教授负责民族理论与政策和国家精品课程的建设任务，李富强教授负责民族经济和壮学中心的建设任务，谢崇安教授负责民族艺术的学科建设任务。另外，秦红增教授负责社会学的学科建设任务，王柏中教授负责历史学的学科建设任务。虽然他们研究的很多课题不属于民族学，但很多相关成果可以交叉使用，它们对民族学博士点申报建设也发挥着重要支撑作用。

做了这么多年的院长，有很多体会，常言说"公生明，廉生威"，但在知识分子成堆的大学，光"严于律己"是远远不够的，关键还要"宽以待人"。因此，我想在"公生明，廉生威"之后加上一个"和生力"。这样不仅有利于团队建设，也符合"和谐社会"建设的要求。

四　特色学科的优势和品牌的树立

刘子云：刚刚您对民族学学科建设和发展的历史及发展条件作了一个清晰的回顾与总结，那么，您作为民族学学科带头人，您是如何树立民族学学科优势、打造民族学学科品牌及提升民族学学科品位的？

周建新：上述三个方面对民族学学科建设和发展起到了至关重要的作用，那么如何来树立民族学学科优势、打造民族学学科品牌，我们主要抓了以下几个方面的工作。

首先，摸清家底，做到知己。我们首先要考察、了解、认识自己，把自己拥有的资源梳理清楚。倘若连自己都不了解，更别说去打造一个学科的品牌。其次，知彼。知道别人在做什么，考察别人是如何做的，反思自己能否超越。通过对彼此的了解与认识，就要为自己创造有利的条件和获取更多的资源，比如，立足广西，凝练方向，选择具有自我优势的研究领域或研究方向。我们抓住学校"民族性、区域性和国际性"的办学定位，对传统的"壮学、瑶学"研究不断深化，同时拓展"中国南方与东南亚跨国民族""边疆稳定与发展""民族团结"以及"区域经济"和"东盟学"研究等方向，只有抓住了我们自己的特色和优势，我们的学科建设才能不断发展进步。

找准特色所在之后，主动推进和打造一些学科品牌和平台就显得尤为重要。目前，我们已经获得了"壮学""瑶学"两个自治区级的人文社科研究中心，中国南方与东南亚民族研究团队获得自治区"人才小高地"

项目，民族学教学团队获得国家级教学团队，"民族理论与政策"获得国家级精品课程等。另外，我们的影视人类学实验室实现了省部共建，同时还打造了"中国与东南亚民族论坛"国际会议交流平台。以上都是我们打造品牌和提升品位的一些具体成果。

如果从大的方面看，我们主要在攻方向、上层次和出水平三个方面提出了要求。攻方向，主要是凝练研究方向，巩固传统方向，拓展新的领域和方向。上层次，主要是把民族学博士点建设定为我们发展的目标。我们已经拥有民族学一级学科的硕点，但仍要实现层次的进一步提升，为实现我校博士点零的突破作出我们的贡献。当然，2010 年我们与中山大学合作，已经建立了一个博士后流动站科研基地，并招了 2 名博士后，可谓实现了跨越式发展。出水平，主要是要求大家产出高质量高水平的教学、科研成果，从过去的"以量取胜"向"以质取胜"转变。过去我们比较重视"量"的积累，主要依靠科研成果的绝对数量取胜。而现在整个的形势早已发生了变化，大家都在发展进步，没有高层次的科研项目，没有高质量高水平的成果，要想得到学术界的承认那是根本不可能的。因此，我们务必要转向抓质量抓水平，以质量求生存求发展赢声誉，推出一批学者，让国内外同行了解和认同我们。我院现有在研国家社科基金项目 19 项，可以说高层次的项目很多，但结题率较低，获得"优秀"的结题成果也很少，因此质量问题仍是个"瓶颈"。以民族志为例，我们学院的教师至今没有撰写出一部在国内外很有影响的民族志，这与我们所处的地缘优势和学科发展水平很不相称。近年来我们也很注重田野调查，但是成果并不明显。因为我们也看到要做很专业的民族志报告，并非轻而易举之事。另外，我们也有意识地为民族学学科的发展创建平台。例如，我们连续举办了四届"中国与东南亚民族论坛"国际学术会议，第一、二届在南宁举办，第三届在昆明举办，第四届在河内举办，第五届准备在老挝举办，我们继续努力搭建好这个国际学术交流平台。我相信，我们的学术研究成果在不远的将来会走向世界，尤其在东南亚地区会具有广泛的影响。

五　民族学研究生学术素养的要求

刘子云：研究生与本科生在培养方面有一个显著差别，就是学术素养的问题，根据民族学学科在培养高层次人才方面的特点，您觉得一个研究生应该具备哪些基本的学术素养？

　　周建新：关于研究生学术素养的问题，我认为最为关键的就是学习能力的提高问题。研究生一定要具备自我学习和自我实践的能力，务必要有发现问题、提出问题、思考问题和解决问题的能力。首先，要善于发现问题，这是体现学术感悟力的问题。其次，要善于提出问题，这是体现知识积累和思辨能力的问题。再次，要思考问题，也就是分析问题，这是判断价值观念、逻辑思维、创新理念的问题。我经常对我的研究生讲，"思想的力量比子弹更强大。子弹虽能穿透我们的肉体，而思想却能穿透我们的灵魂"。最后，就是解决问题，这是体现综合能力的问题，包括组织规划、沟通交流、实际操作等问题。所谓"提出问题比解决问题更重要"，我并不是很赞同，它需要对前提进行一个假设。因为解决问题的能力才是对前面所有能力的综合检验。我们现在的学生就是能说会道的多，真正踏实能干的少。我想以上也可以简单概括为"知书达理有品位，踏实能干会创新"。另外，随着全球化的趋势的发展，世界越来越小，沟通变得愈来愈重要。因此熟练掌握一门外语，是研究生必须做到的，有了外语这个工具，这将对查阅外文资料、进行国外实地调查等都有很大帮助。

　　总体来说，我对研究生的要求主要是大的方面，是比较宽松的。从人的主体角度出发，考虑到学生个性的差异，我希望研究生都能够自主学习、自主研究、自主发展。我经常让他们去做田野，回来后和我讨论感兴趣的话题，如果他们觉得自己能够胜任，就选择以此作为硕士论文的基点，再作深入调查研究。我尽量留给他们相对更多自主学习的空间，同时也要给学生提供各种机会以及创造有利的学习环境与条件。比如，我会让他们多做田野，真实地去感知研究对象，并且为他们提供基本的经费支持，为他们创造条件参加学术会议和发表学术文章。平时我虽然很忙，但也尽可能与学生保持学习上和生活上的交流。我的研究生在读三年期间，一般会做很多的田野，参加一些学术会议。只要学生有心向学，作为导师就应该多提供机会、多创造条件。我的学生一般都会参与的科研项目工作，我希望他们在学习中研究，在研究中进步。

六　优秀研究生及其学术素养的培育

　　刘子云：对于研究生整体学术素养的培养，可以谈谈您的经验或看法吗？对于不同研究生个体，如何把他们培养成优秀研究生？

周建新：研究生的素养，实际上就是修养和能力，要先学会做人再学习做事。因此，对于研究生整体素养的培养而言，根据我个人的经验，我认为有三个方面非常重要。

第一就是踏踏实实做人做事。做学问应该踏踏实实，做人也要坚守这样的品格。老老实实做人是踏踏实实做事的前提，没有前者，后者就难以保证。第二就是理论和实践的结合能力，要学以致用。民族学既要学习理论知识，也要注重实践。这个实践包括接触社会、动手能力等，但最重要的是如何把书本上学到的知识与社会实践结合起来加以应用。当然，实践的过程中，学会沟通是研究生应该把握的重要环节。沟通是把理论和实践结合起来，把人与人联系起来的重要环节，也是各种学习、交流的基本途径，在西方人类学学习中专门有一章就是讲关于如何进行"沟通"的问题，如果不沟通，就无法把理论知识与从实践中获取的经验感知进行双向传递与融合反思。我强调读书和走路同等重要。对于研究生而言，读书就是学习理论，务必要博览群书，更要精读专业书籍；走路便是实践和做田野调查，走的路越多才会看到的东西更多更广，才会了解到文化的多样性和社会的复杂性。人的成长是一个不断社会化的过程，应该要真实的去接触这个社会、了解社会、认识社会。我对自己的研究生经常强调读万卷书，更要行万里路。第三就是要具备基本的专业能力。专业能力要求很广，但基本的自学、写作、查阅资料、外语、沟通、组织、实践等能力，特别是专业的技能技巧都要掌握。

民族学、人类学就是研究人的科学。对于个体研究生的培养，应该遵循"因材施教"的原则。我们的社会是一个具有多样性选择的社会，我并非要把每个研究生都培养成专家。很多研究生是为了自我提高或者需要更高的文凭和学历来报考的，他们并不一定是想做研究。因此，我针对不同的研究生，在双选的时候询问他们关于未来的打算，然后我就朝学生选择的发展方向培养。针对想就业的研究生，我会提供相对较多的社会实践机会，让他们跟社会多接触，积累社会经验和提高办事能力。对于要考博和打算将来从事学术研究的研究生，我就在学术上多引导，多提供理论和方法上的指导，多参加学术交流活动，让他们朝学术的方向发展。总之，研究生的整个培养过程是动态调整的，我会根据他们的差异性来决定培养方式。

　　我培养研究生的落脚点还是在毕业论文。首先，让学生把优秀毕业论文作为一个努力的目标定下来，然后围绕整个目标进行理论的学习及实践的探索。整个的培养过程主要是用"真、善、美"来对他们进行规训的。真，是指在培养的过程中让学生学会"求真"，即实事求是。研究生撰写的课程论文、阶段性论文、毕业论文等都要具有客观真实性。学生的田野调查的资料要来源于自己的实践和亲身体验，而不是杜撰。在文风上也要去除华丽的辞藻和空洞的文字。善，即选题要好。硕士论文选题要好，包括很多方面，诸如视角新、选点好、关注前沿问题、容量适当等。美，不是文学上的美文，而是论文在形式上要规范、语言表达要流畅、内容逻辑要严密、论证要合理可信等。

　　优秀毕业论文光有"真、善、美"还不够，关键还要有个"新"字。"新"不仅体现在是否关注学科前沿、是否采用新视角、新材料、是否是新的研究领域等，关键是要求新、创新。硕士研究生的论文要想在理论上突破的确很难，可能性也不大。但无论如何，只要我们牢牢把握住这个"新"字，头脑中始终有这个"新"字，那我们就有希望写出优秀的论文。我常跟我的研究生说，掌握充分的新材料，硕士论文就几乎成功了一半，但只有写出"新"的"真善美"的论文，才是优秀论文。如果我们"炒冷饭"，即便你的论文有较好的选题，有丰富的资料，结构合理，语言流畅，那也没有多大意义，这样的硕士论文做出来将是不成功的。因此，同学们做论文，一定要求新，至少是求得材料的"新"。我们现在要求研究生做田野调查至少3个月，就是要保证获得丰富的第一手"新"材料，在满足这个要求的前提下，再对研究生毕业论文理论分析方面作进一步的要求。

七　民族学研究生教育模式的改革与创新

　　刘子云：您对广西民族大学研究生教育在管理体制、培养模式上有什么看法或建议？

　　周建新：在管理体制上，学校实行校院二级管理制度，我们学院基本上是在学校的管理模式下运行的。学院对研究生的统一管理主要就体现在三个环节：一是把好入口关。在研究生招生复试环节严格把关，在研究生入学后导师与学生相互双选环节尽可能尊重导师和学生的意愿；二是重视过程管理。确定导师后，由导师和学生讨论，制订出完整的培养计划。由导师负责完成整个培养任务，分管的学科带头人、导师组和学院负责督促、检查；三是把好出口关。在三年培养期内，我们严格执行选题、开题、预答辩到正式答辩的程序，但重点在毕业论文。为了保证质量，我们要求导师对学生的论文至少要进行三审后再寄出盲审，研究生处近年来还进行了防止抄袭的软件检测，我认为非常好。当然，三年培养期内，过程管理非常重要，务必要注重研究生培养的整个过程，而不是只关心毕业论文答辩最后这个环节。如果平时不关心，不闻不问，到答辩时有问题才着急，一切就都晚了。学院主要抓制度层面的工作，大部分指导工作是导师的责任，因此每个导师的责任都很重。

在管理制度和培养模式改革创新上，我们学院经常走在前面。例如我院是第一个采取预答辩的形式帮助研究生完善硕士论文，提高硕士论文答辩通过率的；我院也是第一个组织研究生与本科生一起开展年度"理论与实践学术研讨会"的。我们组织全院学生积极参与、提交论文，并对论文进行评奖等，取得了较好的效果。现在学校研究生处也有类似的活动，并逐渐规范化和制度化，得到了教育厅的肯定和表扬，非常好。在教学形式方面，民族学教学团队采取"多人上一课，一人备多课"的教学模式，取得了很好的效果，使得学生接受知识的面更宽，信息量更大。在其他方面，我们还特别重视"请进来"的办法，邀请许多专家来我校专门为研究生举办系列讲座，效果非常好；在"走出去"方面，我们也尽可能创造条件让在校研究生参加校外的学术会议，使之拓展视野，增长才干。

如果说有什么建议，我想学校应当尽可能争取本硕连读，以及将来的硕博连读招生权。在研究生总体规模超过千人后，应当考虑成立研究生院来统筹协调管理。

八　民族学研究生教育的整体走向

刘子云：周院长，您是我们学院的一院之长，我们全院研究生的培养无不体现您的研究生教育理念，对于学院研究生教育未来发展的一个整体走向是什么样的？

周建新：在研究生教育发展上，今后我们要实现一个重要转变，就是民族学与社会学学院要从教学研究型向研究型转变。民族学是一门基础学科、传统学科，它为本科生提供就业的机会与能力有限。因此，我们要把握的一个关键是，在宏观上不再扩大规模，在数量结构上，要调整本科生、硕士生、博士生的数量结构，使研究生数量与本科生数量达到均衡，甚至研究生数量超过本科生，重点在培养质量上下功夫。这是我们今后一个总的发展方向。作为学校最具特色的学院，我们也要适应形势的发展，积极进行自我调整，努力增强服务地方和国家经济社会发展的能力。目前，国家教育部对研究生教育目标的导向，是要建立更多符合社会经济发展需要的专业硕士点，那么我们以后也将考虑扩展专业硕士，与社会联合办学，实行双导师培养制度。比如，广西区要在"十二五"期间建立100个博物馆，我们是否能够与文化厅合作，增设文博专业硕士点等，与广西文化大发展对口衔接。当然，学院的研究生教育需要多方的配合与全面协调发展，我们也将进一步致力于在管理和培养模式上积极创新，以谋求学院研究生的更好发展。

后记：民族学作为传统基础学科，具有基础性、实践性和应用性等多重特质，这对民族学学科发展及其研究生教育价值追求等产生多维影响。民族学研究生培养与自身学科发展是并行不悖、紧密互联、相互促进和发展的。这其中表现在，民族学通过自身建设和发展，不断丰实科学研究能力和成果、加强师资梯队建设、树立学科优势并打造特色品牌，使得民族学在一个极具时间空间特色（民族性、地方性和国际性）的场域文化中得以萌生、发展和壮大，这离不开前辈的学科建设基础、个人的领导力、团队的合作精神、知己知彼和"攻方向、求层次、上水平"的发展谋略等。然而，一门学科的发展离不开人才的培养。如果一门学科在发展中忽视或略去了自身人才培养的育人属性，那么它最终难以存续。因此，需要根据民族学及其研究生教育发展规律和社会需求的变化，改革和创新研究生培养模式，要注意加强民族学学科建设的平台搭建，培养民族学研究生的学术素养，促进民族学研究生培养模式类型的转变和层次的提高，最终实现民族学学科建设与高层次人才培养齐头并进的人才培养方略。

附录二：民族学专业学术型硕士研究生培养方案

2009 级民族学专业硕士研究生培养方案
（学科代码：030401）

一　培养目标

较好地掌握历史唯物主义和辩证唯物主义理论，树立正确的世界观、人生观和价值观；坚持四项基本原则，热爱祖国，遵纪守法，具有强烈的事业心和责任感，具有良好的道德品质和科学修养，愿为社会主义现代化建设事业服务。较好地掌握民族学人类学理论方法和人文社会科学基础知识，具有民族学人类学学科一般理论和方法的应用实践能力；较为熟练地掌握一门外国语，能阅读本专业的外文资料，有一定的外语交流能力；了解国内外民族学人类学研究主流动态，基本掌握民族学田野工作技术，能够初步运用民族学及相关学科的理论方法分析和解决问题；能够从事高等院校和科研部门的专业教学与研究工作、国家机关和企事业单位的行政管理工作。

二　研究方向

1. 壮侗语族诸民族与东南亚相关民族
2. 族群关系（跨国民族）
3. 文化人类学
4. 民族教育与经济
5. 民族法学

三 学习年限

硕士研究生实行学分制，全日制硕士研究生学习年限一般为三年，优秀者经批准可提前毕业，提前毕业者按照学校的规定办理。硕士研究生一般用一年以上的时间从事科学研究和学位论文工作，其他时间进行课程学习、查阅资料、实践技能训练及教学实践等。

四 培养方式

采取导师负责与导师组集体指导相结合的培养方式。新生入学时进行师生双向选择，确定导师，由导师负责制订个人培养计划。

所有学位课程和其他课程均采用讲授、自学、课堂讨论、由学生作专题报告相结合的方式进行教学。要求研究生在学期间系统阅读国内外有关学科文献并参加各种学术活动。

学生应认真阅读导师指定的书籍，按时完成读书报告、资料翻译、学术评论、学年论文等，努力建构良好的专业基础。学生应积极参与导师承担的科研课题，在研究实践中提高研究能力和学术水平。要独立进行田野调查，学位论文要有田野调查资料支持。

五 课程设置与学分（详见附表）

研究生除学习所有的学位课程外，还必须学习限定选修课5—8门。以同等学力或跨学科考入的硕士研究生，要求至少选修两门本专业本科主干课程（如中国民族志、世界民族志等），所修课程不计学分。本学科硕士研究生必须获得36个学分以上，方可获准毕业。

学位课考核成绩平均绩点≥3.0。

六 学位论文

学位论文是对研究生进行科学研究或承担专门技术工作的全面训练，是培养研究生创新能力，综合运用所学知识发现问题、分析问题和解决问题的主要环节。

1. 论文要求选题的内容具有一定的学术价值、现实意义与创新性，应尽量选择应用性强的课题作为学位论文选题，力争能够解决一些较为重要的实际问题。

2. 论文选题并提交论文撰写计划之后，在第四学期中期向指导小组作开题报告。作开题报告时，应有本专业 3—5 位教师（其中至少应有 2 位研究生指导教师）参加，并由他们对论文选题的意义和撰写计划的可行性作出认真评价。经研究同意后方可着手搜集资料、进行研究和撰写工作。

3. 硕士生在论文撰写过程中，应选择适当时机就论文进展情况向指导小组作一次中期报告。参加中期报告的人员宜与开题报告人员相同。

4. 硕士论文应在导师指导下，由研究生本人独立完成。如有舞弊情况，一经发现立即取消答辩资格，或撤销所授学位。学位论文在写作上应概念清楚，论据可靠，论证合乎逻辑，分析严谨，文字通畅，字数不少于 3 万字，但一般不超过 5 万字，并附有中英文摘要。

5. 三年级下学期初论文定稿，凡未经导师最终审阅通过的论文，一律不得提交答辩。论文必须在答辩前一个月完成打印工作，并提交答辩委员会，由答辩委员会组织评审与答辩。

6. 硕士生论文答辩应按《中华人民共和国学位条例暂行实施办法》和《广西民族大学硕士学位评定标准及授予工作实施细则》的精神严格进行评审与答辩。答辩委员会中，须有 1—2 名是实际业务部门的具有高级专业技术职务的专家。

7. 答辩合格者经学校学位评定委员会通过后，授予硕士学位。答辩未通过者，当年不得再申请硕士学位。

民族学专业硕士研究生课程设置表

类　别		课　程　名　称	学分	周学时/总学时	开课学期	教学方式	考核方式	备注
学位课程	思想政治理论课	科学社会主义理论与实践	2	3/36	1	讲授	考试/论文	
		马克思主义经典著作选读	2	3/36	2	讲授	闭卷考试	
	第一外国语	基础英语（一）	3	6/108	1	讲授	闭卷考试	
		基础英语（二）	3	6/108	2	讲授	闭卷考试	
	专业课	民族学通论	3	3/54	1	讲授	考试/论文	
		中国民族史	2.5	3/45	1	讲授	考试/论文	
		民族理论与政策	2.5	3/45	1	讲授	考试/论文	
		民族学人类学原著导读	2.5	3/45	2	讲授	课程论文	
		民族学与社会研究综合课	2	3/36	2	讲授	课程论文	
		跨国民族及其问题研究	2	3/36	3	讲授	课程论文	族群关系（跨国民族）方向
		汉民族研究	2	3/36	3	讲授	课程论文	文化人类学方向
		民族教育理论研究	2	3/36	3	讲授	课程论文	民族教育与经济方向
		地缘政治与国际关系	2	3/36	3	讲授	课程论文	壮侗语族诸民族与东南亚相关民族
		民族法学	2	3/36	3	讲授	课程论文	民族法学方向
	方法课	田野调查方法	2	3/36	2	讲授	课程论文	

类　别		课程名称	学分	周学时/总学时	开课学期	教学方式	考核方式	备注
非学位课程	选修课	语言学与国际音标	2	3/36	3	讲授	课程论文	
		文化变迁与调适	2	3/36	4	讲授	课程论文	
		族群与族群关系	2	3/36	4	讲授	课程论文	
		中国南方与东南亚民族关系	2	3/36	4	讲授	课程论文	
		中国传统文化艺术史	2	3/36	4	讲授	课程论文	
		经济人类学	2	3/36	4	讲授	课程论文	
		民族教育问题研究	2	3/36	4	讲授	课程论文	
	补修课	中国民族志						同等学力或跨学科人员必修科目
		世界民族志						
		民俗学						
		人类学史						
		教育研究方法						民族教育与经济方向必修课
教学实践（不少于15个课时）			2					
专业实习（不少于3个月）			2					
学位论文（不少于1年）					5—6			
注意事项								

附录三：广西民族大学民族学研究生培养大事记年表

1952 年，广西民族学院（中央民族学院广西分院）成立；

1953 年 7 月 17 日，根据中南民委给学院下达的对中南地区少数民族进行全面调查研究的任务，广西民族学院设立了专门的少数民族社会历史调查教研室；

1956 年 3 月 6 日，广西民族学院从教研室抽出部分人员组建了"民族问题研究室"，专门负责民族调查研究和民族问题与民族政策的教学工作；

1958 年后，一度合并到历史系、政治系，其大部分人员被抽调到广西少数民族社会历史调查组，其余成员被调到当时的广西文联；

1960 年，学院在政治系成立了民族问题与民族政策教研室，负责全院的"民族问题与民族政策"课程的教学；

1961 年，历史系又成立了民族学教研室，负责民族研究工作；

1964 年 8 月，历史系停办，民族学教研室也随之撤销，该室又将民族研究与教学工作集于一身；

1971 年，民族学教研室改名为民族理论与民族政策教研室；

1977 年 7 月，学院决定将该室从政治系分出并恢复重建，改名称为民族问题教研室，重新回到广西民族学院的直属领导之下；

1984 年 8 月 27 日，自治区党委统战部批准"民族问题研究室"升格为"民族研究所"；

1988 年秋，经广西壮族自治区人民政府批准，民族研究所开办民族理论和民族学两个专业大专班，学制二年，招生 30 人；

1994 年 7 月 5 日，学院将民族心理研究所划属民族研究所；

1995 年 4 月 14 日和 1996 年 1 月 5 日，分别成立人类学研究所和东南亚研究所，挂靠民族研究所，实行"三块牌子，一套人马"；

1995 年秋，民族研究所开始设立民族学本科班，当年招收本科生 20 人，并与云南大学联合培养硕士研究生；

1995 年 12 月 30 日，广西壮族自治区人民政府批准广西民族学院民族研究所的民族学专业为广西 17 个重点学科之一；

1997 年 11 月，民族研究所和人类学研究所合并定名为民族学人类学研究所，东南亚研究所依然挂靠民族研究所；

1998 年 6 月，民族学人类学研究所的民族学专业被国务院学位委员会审查批准为广西民族学院民族学专业硕士招生点，并于第二年开始招收、培养硕士研究生；

1999 年，民族心理研究和资料室分别划归社科部和图书馆；

2003 年 7 月 22 日，由原民族学人类学研究所、社会科学部的社会学、社会工作专业和教育学心理学教研室以及政法系的历史学专业整合并组建为民族学与社会学学院；

2004 年，中国少数民族史和马克思民族理论与民族政策批准为二级学科硕士点；

2004 年，民族学博士点被列入《2005—2010 年广西学位授权点学科建设和研究生教育发展规划》；

2005 年，启动建设博士学位授权点，顺利完成各项任务；

2005 年，年底获得民族学一级学科硕士学位授予权；

2007 年，中国少数民族经济和中国少数民族艺术批准为二级学科硕士点；

2007 年，民族学专业教学团队被评为"广西与东南亚培养与创新人才小高地"；

2008 年，民族学专业教学团队被评为自治区级教学团队；

2008 年，民族学专业被评为国家级特色专业建设点；

2009 年，民族学获准成为博士学位授权建设学科；

2010 年，民族学专业教学团队被评为国家级教学团队；

2010 年，与中山大学联合设立中山大学历史人类学博士后流动站——广西民族大学科研基地。